W0382490

Es war ein Dienstag Anfang August und Kerstin langweilte sich. Die Sommerferien waren zur Hälfte vorüber und das Wetter war Spitze, aber all ihre Freundinnen waren in Urlaub gefahren. Kerstin war elf Jahre alt und in diesem Alter ist man nicht gerne allein.

Nicht mal auf Freibad hatte sie Lust. Ohne Freundinnen machte es keinen Spaß. Radfahren konnte sie auch nicht, weil ihr Rad in Reparatur war. Sie würde es erst in einer Woche zurückbekommen. Kerstin seufzte abgrundtief. Sie hasste die einsamen Sommer. Ihre Mutter verdiente nicht genug Geld für teuren Urlaub. Seit Kerstins Eltern sich vor vier Jahren hatten scheiden lassen, war das Mädchen nicht mehr in Urlaub gefahren. Während ihre Freundinnen nach den Sommerferien von ihren tollen Reisen schwärmten, konnte Kerstin nur vom Urlaub auf Balkonien berichten.

Dienstags und donnerstags hatte ihre Mutter Spätdienst. Sie kam erst abends um zehn Uhr nach Hause und war zu müde, um noch was mit ihrer elfjahrigen Tochter zu unternehmen. Kerstin lümmelte auf der Wohnzimmercouch und brummte missmutig. Nicht mal mit ihrer Mutter konnte sie was unternehmen. Was hatte die auch so blöde Arbeitszeiten und überhaupt: Warum hatte sie jetzt keinen Urlaub?

Miriams Einladung fiel ihr ein: „Wenn du möchtest, komm doch mal zu mir nach Hause auf den Kahlenberg. Wir haben einen eigenen kleinen Weiher, in dem wir nach Herzenslust schwimmen können. Ich würde mich freuen, wenn du kommst."

„Das ist es!“ Kerstin sprang von der Couch auf. Rasch zog sie sich ihren Bikini an, Jeans und T-Shirt drüber und Turnschuhe an die Füße. Sie holte ihre Schwimmtasche und lief los in Richtung Kahlenberg.

Der Kahlenberg bestand eigentlich aus drei „Bergen“, genauer gesagt, es handelte sich um aufgeschüttete Bergehalden. Früher, als in der Völklinger Gegend noch unterirdisch Kohle abgebaut worden war, hatte man wie überall in der Saargegend solche Bergehalden aufgeschüttet. Es war das taube Gestein, der Abraum aus den Stollen. Der Kahlenberg bei Völklingen-Wehrden hatte seinen Namen von den kahlen Gipfeln der Bergehalden. Unten wuchsen die Bäume dicht an dicht, aber oben war alles kahl, weil der Boden dort nicht genügend Wasser für Bäume und Büsche enthielt. Allenfalls ein wenig Gras wuchs dort. Die nackten Gipfel erweckten von Weitem den Anschein, dass es sich um richtig hohe Berge handelte. Dabei lag der höchste Gipfel des Kahlenbergs gerade mal hundertdreißig Meter über der Saar.

Kerstin marschierte quer durch Wehrden auf den Kahlenberg zu. Es gab eine schmale, nicht asphaltierte Straße, die von der anderen Seite in das versteckt liegende Tal zwischen den Halden führte, aber das war ein zu großer Umweg, wenn man kein Fahrrad hatte. Miriam hatte Kerstin erklärt, dass es einen Fußpfad gab, der zwischen den beiden von der Saarseite aus sichtbaren Halden über den steilen Hang ins Tal dahinter führte. Diesen Pfad benutzten die Kahlenberger Kinder, wenn sie zur

Schule in Wehrden gingen. Kerstin hatte einmal eine Luftaufnahme des Kahlenbergs gesehen. Von oben betrachtet sah dieser aus, wie ein Vulkan mit einem sehr breiten, langgezogenen Krater. An den „Kraterwänden" wuchsen Büsche und Bäume. Unten lagen einige kleine Häuser und man erkannte kleine Teiche.

Kerstin erreichte den Fuß des Kahlenbergs und fand problemlos den schmalen Pfad, von dem Miriam ihr erzählt hatte. Er lag gut versteckt hinter einer Brombeerhecke.

Dabei gab es keinen Grund, den Pfad zu tarnen. Kein Mensch ging je auf den Kahlenberg. Die Leute aus Wehrden, Schaffhausen und Geislautern hielten die Kahlenberger für sonderbar oder gar für verrückt. Die lebten in ihrem abgeschiedenen Tal ohne Strom und fließendes Wasser. Niemand wusste Genaueres, aber es hieß, dass die Kahlenberger einer seltsamen Sekte angehörten, die alles Moderne ablehnte, ähnlich wie die Amish-Leute in Amerika.

Nach einer Gebietsreform vor einem halben Jahr waren die Kahlenberger Kinder in Kerstins Schule gekommen. Miriam ging mit Kerstin in die gleiche Klasse. Von Anfang an war das blasse, schüchterne Mädchen gemieden worden. Niemand mochte mit ihr befreundet sein. Miriam trug stets Kleider oder Röcke. Noch nie hatte jemand sie in Jeans gesehen. Auch die anderen Kahlenberger Kinder trugen seltsam altmodische Klamotten.

Miriam Gerstner war ein absolut unscheinbares Ding. Das einzig Hübsche an ihr war ihr langes blondes Haar, das sie zum Schulbesuch stets zu Zöpfen flocht. In der Klasse saß sie für sich allein. Sie war eine gute Schülerin und schrieb gute Noten. Sie war freundlich zu den Lehrern. Aber sie hatte keine Freundin.

Kerstin erinnerte sich an den Zwischenfall eine Woche vor Ferienbeginn, der zu Miriams Einladung an sie geführt hatte. Miriams Füller war vom Tisch gefallen und zerbrochen. Völlig in Tränen aufgelöst hatte das Mädchen in der Klasse herumgefragt, ob jemand ihr einen Füller ausleihen könne, weil in der nächsten Stunde ein Diktat geschrieben wurde.

Die meisten hatten Miriam nicht beachtet und der eine oder andere hatte sich wohl ein bisschen gefreut, dass die Streberin in der Klemme saß.

„Schreib das Diktat doch mit Bleistift, Streberliese!“, hatte Natascha Bornemann gesagt und dazu süffisant gelächelt.

Kerstin hatte Miriam ihren Zweitfüller gegeben: „Kannst ihn behalten. Ich habe zu Hause noch mehr davon. Meine Tante schenkt mir dauernd neue Füller. Ist so ein Tick von ihr.“

Miriam hatte sie so voller Dankbarkeit angeschaut, dass Kerstin sich genierte.

„Vielen lieben Dank, Kerstin“, hatte Miriam gesagt. „Das ist unheimlich nett von dir. Wenn du mal in Not bist, helfe ich dir gerne."

Am letzten Schultag war Miriam in der großen Pause zu Kerstin gekommen, ein dünnes, blasses Mädchen mit langen blonden Zöpfen, das ein Kleid anhatte, das aussah wie aus dem neunzehnten Jahrhundert, und komische Sandalen an den Füßen trug. Kerstin und ihre Freundinnen lästerten gerade über das Völklinger Freibad, in das sie zum Schwimmen gingen. Das Bad war meist dermaßen überfüllt, dass man nur einen Stehplatz im Wasser bekam und das Wasser war stark gechlort, was zu Augenreizungen führte.

Man sah Miriam an, dass es sie große Mühe kostete, Kerstin anzusprechen, aber schließlich gab sie sich einen Ruck.

„Wenn du magst, komm mich in den Ferien mal besuchen", sprach sie schüchtern. „Wir haben auf dem Kahlenberg einen kleinen Teich, in dem wir nach Herzenslust schwimmen können. Sein Wasser ist glasklar. Am Ufer ist weicher Sand und es gibt eine Wiese mit schönem Gras. Wenn du möchtest, kannst du zum Essen bei uns bleiben. Meine Eltern haben nichts dagegen. Ich würde mich freuen, wenn du kommst."

Kerstin hatte zuerst ihre Freundinnen angeblickt und dann eine nichtssagende Antwort gegeben und die Angelegenheit vergessen. Wer wollte schon mit den Kahlenbergern zu tun haben? Mit den religiösen Spinnern. Die würden womöglich versuchen, sie zu missionieren.

Jetzt, wo sie allein war, sah die Sache anders aus. Warum nicht Miriams Einladung annehmen? Wegen ihrer Freundinnen brauchte Kerstin sich keine Gedanken zu machen. Sie waren weg, also konnte auch keine darüber lästern, dass Kerstin zu den „Sekten-Deppen“ ging.

Der Pfad, der in Serpentinen den Hang an der Bergehalde hoch führte, war steil. Kerstin geriet tüchtig ins Schwitzen und sie war froh, dass das Laub der Bäume die brennende Augustsonne abhielt. Auf der anderen Seite ging es genauso steil bergab.

„Was machen die Kahlenberger Kinder eigentlich im Winter?“, überlegte Kerstin. „Wenn es schneit oder der Pfad vom Regen aufgeweicht ist, kommt doch kein Mensch hier drüber! Dann bleibt nur der Weg nach hinten und einmal um den Kahlenberg herum. Ganz schön weit!“

Sie hörte Stimmen unter sich. Lautes Kinderlachen drang durch das grüne Laub. Im Tal verbreiterte sich der Pfad und führte unter den Bäumen weiter. Plötzlich öffnete sich eine große Lichtung vor Kerstin, in der ein großer Teich mit spiegelblankem Wasser lag. Das helle Sonnenlicht blendete sie. Sie kniff die Augen zusammen. Drei Mädchen planschten im Wasser herum. Kerstin erkannte Miriam und ihre ein Jahr jüngere Schwester Rosi. Das andere Mädchen war Agnes Perlmann, die gleichaltrige Cousine Miriams, die in die Parallelklasse ging. Es dauerte eine Weile, bis Kerstin begriff, was ihr beim Anblick der drei Mädchen so ungewohnt vorkam. Die drei trugen ihre Haare offen. Kerstin kannte sie nur mit strengen Zöpfen.

Agnes erblickte Kerstin. Sie sagte etwas zu Miriam, die sich zu Kerstin umdrehte und ans Ufer geschwommen kam. Als sie aus dem Wasser stieg, sah Kerstin, dass das Mädchen einen ganz normalen blauen Bikini trug. Im Geiste hatte sie halb befürchtet, einen Badeanzug nach Art der Kaiserzeit zu Gesicht zu bekommen, so ein grauenhaftes Flatterding in Schwarz, das den ganzen Körper bedeckte.

Miriam lächelte Kerstin schüchtern an: „Kerstin. Du bist doch noch gekommen. Warst du im Urlaub?"

Kerstin schaute Miriam zum ersten Mal richtig an. Ihr fiel auf, wie schön Miriams Augen waren, hellblau und wasserklar. Das lange nasse blonde Haar kringelte sich um das Gesicht, in dem ein paar Sommersprossen die helle Haut sprenkelten und aus dem Kerstin ehrliche Freude entgegenstrahlte.

Kerstin schämte sich ein wenig. Beinahe hätte sie gelogen und Miriam Recht gegeben. Sie gab sich einen Ruck und sagte die Wahrheit: „Nein, meine Mutter hat nicht genug Geld für Urlaub. Ich war die ganze Zeit zu Hause in Wehrden. Ich ... ich habe deine Einladung vergessen. Sie fiel mir erst heute wieder ein. Tut mir leid."

Miriam lächelte: „Macht nichts, Kerstin. Hauptsache, du bist hier. Willst du schwimmen?"

„Na klar! Deswegen bin ich gekommen."

Miriam lachte leise: „Im Völklinger Freibad kriegt man bei dem schönen Wetter im Wasser nur noch enge Stehplätze und das Chlor brennt in den Augen. Stimmt's?“

Kerstin lachte Miriam an: „Stimmt genau.“ Sie schälte sich aus ihrer Kleidung. „Ist das Wasser sehr kalt?“

„Ach wo! Es ist genau richtig“, rief Miriam. Sie hielt Kerstin eine Hand hin: „Komm, wir rennen gemeinsam ins Wasser. Keine Angst, der Sand ist ganz weich und es geht flach hinein.“

Kerstin fasste die dargebotene Hand und zusammen stürzten sie sich in den Teich.

„Das ist Kerstin Dengel aus meiner Klasse“, stellte Miriam sie vor.

„Guten Tag“, sagte Agnes gutgelaunt. „Schön, dass du da bist.“ Sie gab Kerstin die Hand.

„Dengel?“, fragte Rosi. Sie glich Miriam aufs Haar. Sie war nur ein Stückchen kleiner. Sie kicherte los. „Oder war's Bengel? Egal, du bist willkommen.“ Das Mädchen reichte ihr die Hand zum Gruß.

Kerstin kam die erwachsen klingende Sprache der Mädchen komisch vor. Das klang altmodisch – wie in einem Film, der in früheren Zeiten spielte. Aber sie freute sich, dass man sie so bereitwillig willkommen hieß. Sie konnte sich nicht erinnern, jemals etwas ähnlich Nettes von einer ihrer Freundinnen gehört zu haben. Ein angenehmes, warmes Gefühl machte sich in ihrem Bauch breit.

Die gegenseitige, anfängliche Schüchternheit legte sich rasch und schon bald tobten die vier Mädchen gemeinsam im Wasser herum.

„Wie klar das Wasser ist", staunte Kerstin. „Man kann bis auf den Grund sehen. Ich erkenne Pflanzen und da … das ist ein Fisch!"

„Na sicher", erklärte Miriam lachend. „Deswegen haben wir diesen Weiher. Vater hat den winzigen Bach aufgestaut und damit diesen Teich geschaffen. Näher an unserem Haus gibt es noch mehr Teiche. Dort züchten wir Fische und Krebse. Die gibt es auch im Badeteich."

„Warte! Ich habe eine Idee!" Kerstin stieg aus dem Wasser und holte ihre Chlorbrille aus der Badetasche. Die Augengläser hatte sie immer dabei. Im Winter, wenn sie ins Hallenbad ging, konnte sie ohne die Chlorbrille nicht schwimmen, weil sonst ihre Augen anfingen zu brennen. Sie reichte Miriam die Brille: „Zieh sie an. Damit kann man unter Wasser alles ganz deutlich sehen."

„Dankeschön", sagte Miriam und zog sich die Chlorbrille an. Dann tauchte sie und sah zum ersten Mal in ihrem Leben die Unterwasserwelt scharf. Das Mädchen war hellauf begeistert. Agnes und Rosi wurden neugierig und wollten die Wunderbrille auch ausprobieren.

„Wenn ich das gewusst hätte, dann hätte ich noch meine Taucherbrille mit Schnorchel mitgebracht“, meinte Kerstin. „Ich konnte ja nicht ahnen, wie schön euer Teich ist. Ich dachte, das ist bloß so ein kleines Wasserloch mit trüber Schlammbrühe.“ Sie schämte sich ein wenig. Genauso wie sie den Teich der Kahlenberger Kinder unter Vorurteilen gesehen hatte, hatte sich auch Miriam und ihre Geschwister immer angesehen. Dabei waren Miriam, Rosi und Agnes so nett! Viel netter als Kerstins Freundinnen. Einträchtig wechselten die vier sich mit der Chlorbrille ab.

Schließlich verließen sie müde geworden das Wasser und legten sich zum Trocknen in den weichen warmen Ufersand.

Rosi hob einen von Kerstins Turnschuhen auf und betrachtete ihn neugierig: „Wie kannst du bei dieser Hitze nur in so klobigen Schuhen herumlaufen? Dir müssen doch die Füße kochen. Wir laufen ab April barfuß. Nur wenn wir zur Schule gehen, ziehen wir Schuhe an, aber nicht solche Dinger.“

Kerstin musste sich ein Lachen verkneifen. Nicht solche Dinger! Ja, stattdessen in komischen Sandalen wie in einem Jesusfilm! Schönen Dank auch! Allerdings, das musste Kerstin im Stillen zugeben, waren die komischen Sandalen in der Sommerhitze bestimmt angenehmer als ihre geschlossenen Turnschuhe. Und überall außer in der Schule barfuß zu laufen, musste einfach himmlisch sein. Jedenfalls wenn man mitten in der Natur wohnte. In Wehrden war barfuß laufen sicher nichts. Das Pflaster war glühend heiß und überall lauerten „Tretminen“ in

Form von ausgespuckten Kaugummis und Hundekacke, ganz abgesehen von den Glasscherben, die herumlagen. Aber hier auf dem Kahlenberg schien es das Natürlichste der Welt, im Sommer ohne Schuhe zu gehen.

„Darf ich euch mal was fragen?“

„Sicher doch“, ermutigte Miriam sie.

„Was machen eure Eltern beruflich? Ich meine, wie und wo verdienen sie Geld?“

„Wir leben ein einfaches, gottesfürchtiges Leben“, erzählte Miriam. „Wir bestellen das Land rund um unser Haus. Wir halten Tiere und pflanzen alles, was wir zum Leben brauchen, selbst an. Manchmal arbeiten die Männer für einige Wochen im Jahr außerhalb, um Geld zu verdienen.“

Kerstin lauschte mit geschlossenen Augen. Die warme Sonne machte sie schläfrig.

„Wie wär's, wenn wir uns mal wieder fesseln?“, fragte Rosi unvermittelt.

Kerstin dachte, sie hätte sich verhört. Neugierig blickte sie Miriams jüngere Schwester an.

Rosi lächelte unbeholfen, als sei sie bei etwas Verbotenem erwischt worden. Sie schaute Miriam und Agnes entschuldigend an: „Ich dachte … wo Kerstin unsere Freundin geworden ist … es ist doch nichts dabei, solange sie nichts verrät.“

„Kannst du ein Geheimnis für dich behalten?“, wollte Agnes wissen.

Kerstin nickte heftig: „Klar! Ich kann es beschwören!“

Miriam blickte sie ernst an: „Man soll nicht schwören, Kerstin. Jesus sagt: Schwört nicht beim Himmel, denn er ist Gottes Thron. Schwört nicht bei der Erde, denn sie ist der Schemel für seine Füße. Schwört nicht bei eurem Haupt, denn ihr könnt kein einziges eurer Haare weiß oder schwarz machen. Euer Ja sei ein Ja, euer Nein ein Nein. Alles andere ist von Übel.“

Kerstin fühlte sich seltsam angerührt von den ernsten Worten des Mädchens. „Ich habe es nicht böse gemeint“, sagte sie leise.

Miriam lächelte sie freundlich an: „Ich weiß, Kerstin. Wirst du unser Geheimnis für dich behalten?“

Kerstin nickte: „Ja.“

Rosi schaute sie neugierig an: „Magst du Spiele mit Gefesseltwerden?“

Kerstin hielt die Luft an. Sie hatte sich tatsächlich nicht verhört. „Ehm … ich weiß nicht“, druckste sie herum. Sie fühlte, wie sie feuerrot wurde. „Ich habe so was noch nie gespielt. Ich würde es gerne mal ausprobieren.“ Ihr Herz begann heftig zu klopfen. Und ob sie das spielen wollte! Und wie!

Kerstin dachte an den alten tschechischen Kinderfilm in Schwarzweiß zurück, den sie mit acht Jahren gesehen hatte. In dem Film hatten zwei miteinander verfeindete Kinderbanden gegenseitig Gefangene gemacht und die Gefangenen mit Stricken an Bäume gebunden. Wer von den Feinden erwischt wurde, musste so lange an Händen und Füßen gefesselt am „Marterpfahl“ stehen, bis er von Unterhändlern seiner Bande gegen ein Lösegeld freigekauft wurde. Das Lösegeld bestand aus Bonbons, bunten Klebebildchen, Murmeln und einfachen Spielsachen.

Beim Anschauen der Fesselszenen hatte Kerstin mächtiges Herzklopfen bekommen und sich brennend gewünscht, selbst einmal gefesselt zu werden wie die Jungen und Mädchen in dem Film. Es war bestimmt ein tolles Gefühl, an Händen und Füßen an einen Baum gefesselt zu werden. Sie dachte seit Jahren immer wieder an den Film zurück, hatte sich aber nie getraut, mit ihren Freundinnen darüber zu sprechen, aus Angst, dass man sie für bescheuert hielt. Nicht auszudenken, wenn man sie mit ihrem komischen Interesse aufzog.

Und hier redeten die drei Kahlenberger Mädchen übers Fesseln, als sei es etwas Alltägliches wie Schwimmen und Radfahren!

Rosi lief voraus auf einem gewundenen Pfad in den Wald am Hang des Tals. Nach hundert Metern stießen sie auf eine winzige Lichtung im dichten Gebüsch. Ein dicker Holzpfahl war in den Boden versenkt. Oben lag ein Querbalken darauf. Kerstin kannte den Anblick. Sie hatte in der Kirche Bilder gesehen, auf denen solche Gebilde dargestellt waren. Es war ein T-Kreuz und an diese Dinger wurden die Märtyrer nicht angenagelt, sondern mit Stricken festgebunden und zum elenden Sterben hängen gelassen. Im ersten Moment war Kerstin ein klein wenig enttäuscht. Sie hatte einen Marterpfahl erwartet, hatte sich vorgestellt, wie sie mit dem Rücken gegen den Pfahl stand, die Arme nach hinten gefesselt und die Füße unten an den Pfahl gebunden.

Kein Wunder, dass die ein Kreuz gebastelt haben!, dachte sie amüsiert. Wo sie doch so auf Bibel und Religion aus sind!

Kerstin musste ein Lachen unterdrücken. Gleichzeitig fand sie, dass es ziemlich egal war, wo und auf welche Art sie gefesselt wurde. Hauptsache, es wurde mit Stricken gespielt! Außerdem konnte man den aufrechten Hauptpfahl des T-Kreuzes sehr wohl als „Marterpfahl" benutzen! Vielleicht konnte sie das bei Gelegenheit einmal vorschlagen.

Rosi holte ein primitives Holztreppchen aus dem Gebüsch und stellte es vor das Kreuz. Sie stieg darauf, drehte den Rücken zum Kreuz und legte ihre Arme nach hinten über den Querbalken: „So geht das. Das Kreuz und die Treppe haben wir letzten Sommer gebaut. Willst du mal versuchen, Kerstin?"

Kerstin hatte vor Aufregung einen Kloß im Hals. Sie nickte stumm.

Rosi sprang in den Sand: „Na dann los! Du bist als Erste an der Reihe, weil du unser Besuch bist."

Kerstins Herz schlug vor Aufregung. Sie konnte immer noch

nicht glauben, was da geschah. Sie stieg auf die Holztreppe. Sie drehte sich mit dem Rücken zum Kreuz und legte ihre Arme nach hinten über den Querbalken. Die Treppe hatte genau die richtige Höhe. Hinter ihr stiegen Agnes und Miriam ein Stück den Hang hoch, damit sie bequem an den Querträger ran konnten. Dann befestigten sie Kerstins Handgelenke mit dicken weichen Stricken und legten in regelmäßigen Abständen weitere Schlingen um ihre Arme. Einmal um Kerstins Unterarme und einmal um ihre Oberarme.

„Wenn es zu fest ist, musst du es sagen", verlangte Agnes. „Es ist nämlich ekelhaft, wenn einem das Blut abgestellt wird. Dann tut es weh und macht keinen Spaß."

„Alles in Ordnung", sagte Kerstin. Was für ein tolles Spiel!

Ihre Arme waren festgebunden, und Miriam band Kerstins Füße an den senkrechten Pfahl. Dazu wickelte sie ein Seil erst dreimal um Kerstins linkes Fußgelenk, drückte es gegen den aufrechten Pfahl und schlang das Seil um den Pfahl. Auf der anderen Seite zog sie es dreimal um Kerstins anderen Knöchel und dann wieder um den Pfahl. Sie machte einen Abschlussknoten und nun waren Kerstins Füße rechts und links an den Gelenken an den aufrechten Pfahl gefesselt.

Kerstin fühlte sich gut. Es war ein absolut tolles Gefühl, von ihren neuen Freundinnen gefesselt zu werden. Agnes zog ihr vorsichtig die Treppe unter den Füßen weg. Nun hing das gesamte Körpergewicht des Mädchens an den nach hinten gebogenen Armen und ihren am senkrechten Pfahl festgebundenen Füßen.

„Gefällt es dir?“, fragte Rosi und grinste.

Kerstin nickte: „Mmm. Fühlt sich cool an.“

„Kuhl? Was ist denn das für ein Wort?“ Rosi lachte vergnügt. „Wie lange hältst du es aus? Schaffst du zehn Minuten oder bist du eine Zimperliese, die schon nach fünf Minuten anfängt zu jammern?“

„Zehn Minuten schaffe ich locker“, meinte Kerstin leichthin.

„Möchtest du ein Weilchen allein sein?“, fragte Miriam. „Wir gehen solange schwimmen. Nach zehn Minuten kommen wir zurück und befreien dich.“

„Okay“, sagte Kerstin. Der Gedanke, ganz allein und hilflos gefesselt mitten in der Wildnis zu sein, gefiel ihr. „Ihr könnt mich ruhig zehn Minuten alleine lassen.“

„Ist gut“, meinte Miriam. „Wir sind ja ganz in der Nähe. Wenn irgendwas ist, wenn dir was wehtut, oder du nicht mehr willst, ruf uns einfach. Ja?“

„Ja, mache ich“, antwortete Kerstin und schaute zu, wie die drei Mädchen davongingen. Dann war Kerstin allein.

„Whow!“ Sie seufzte entzückt. Was für ein tolles Feeling! Sie zerrte an ihren Fesseln. Die hielten bombenfest. Allein konnte sie sich unter keinen Umständen befreien. Kerstin fand es aufregend, gefesselt zu sein. Sie schloss die Augen und gab sich einer Fantasie hin: sie stellte sich vor, an einer Schule zu sein, wo man ungehorsame Schüler damit bestrafte, sie im Schulhof an den Marterpfahl zu binden. Na schön, diesmal war es ein Kreuz, aber es war trotzdem toll. Kerstin spielte ihre Rolle so richtig von ganzem Herzen nach. Sie ließ sich nach vorne sinken, tat, als sei sie bereits seit vielen Stunden angebunden und als litte sie entsetzlich.

„Bitte lasst mich herunter!“, flehte sie mit leiser Stimme und tat, als weine sie. „Bitte, bitte! Ich halte es nicht länger aus!“ Natürlich musste sie es weiter aushalten. Sie konnte ja nicht anders.

Kerstin seufzte. Was für eine super Fantasie! Nie hätte sie gedacht, dass sie das mal live erleben würde.

Dass ich Miriams Einladung angenommen habe, war eine prima Idee“, dachte sie zufrieden. „Wenn ich das schon früher gewusst hätte ...“

Sie veränderte den kleinen Spielfilm, der in ihrer Fantasie ablief. Jetzt war sie allein durch die Wildnis gewandert, in einem fremden Land. Eine Räuberbande hatte sie überfallen und ihr alles weggenommen. Dann fesselten die Unholde sie an ein Kreuz, wobei sie die Stricke barbarisch fest anzogen. Anschließend machten die Kerle sich davon und ließen Kerstin hilflos und allein zurück. Sie wollten ihr Opfer einige Stunden schmoren lassen und dann zurückkehren und Kerstin weiter ausfragen. Sie wussten, dass das Mädchen den Platz kannte, wo ein geheimer Schatz vergraben lag.

In Gedanken schrie Kerstin um Hilfe, und als niemand kam, um sie zu retten, brach sie in verzweifeltes Schluchzen aus.

Kerstin fand diese Fantasiegeschichte fast noch besser als die mit der strengen Schule.

Sie zuckte zusammen. Allmählich wurde ihre Lage unbequem. Die Stricke schnitten in ihre Arme und ihr Körpergewicht zog an ihren gedehnten Schultern. Kerstin versuchte, sich stärker mit den gefesselten Fußgelenken abzustützen. Das klappte nicht so recht. Wie lange war sie gefesselt? Fünf Minuten? Zehn Minuten? Oder erst drei Minuten?

Sie hatte jedes Zeitgefühl verloren.

Irgendwie machte das jetzt keinen Spaß mehr. Sich vorzustellen, gefesselt zu werden, mochte ja ganz interessant sein, aber nun drückte das harte Holz und die Stricke schnitten in ihre Arme ein und sie brannten auch ein bisschen – sogar ein ziemlich großes bisschen. Es war unangenehm.

Hoffentlich befreien die mich bald, dachte sie. Sie wollte sich auf keinen Fall eine Blöße geben und vorzeitig rufen.

Aber verdammt! Es fing langsam an, ungemütlich zu werden. In ihrer genüsslichen Fantasiegeschichte war es klasse, stundenlang zu leiden, aber in der Wirklichkeit dehnten sich die Minuten endlos aus.

Ich könnte rufen und sagen, dass eine Wespe auf mich losgegangen ist, überlegte Kerstin. Der Gedanke erfüllte sie mit Erleichterung. So konnte sie dafür sorgen, vorzeitig befreit zu werden, ohne einen Prestigeverlust hinnehmen zu müssen.

Gerade wollte sie den Mund öffnen, um zu rufen, da kamen Miriam, Rosi und Agnes den Pfad entlang gelaufen.

„Deine zehn Minuten sind um“, krähte Rosi gutgelaunt. „Jetzt komm ich dran!“ Sie schaute fragend zu Kerstin hoch: „Oder willst du noch länger? Dann ...“

Kerstin lächelte zurück: „Nein danke. Es reicht mir. Bindet mich los.“

Mit flinken Fingern befreiten Miriam und Agnes ihre Schulfreundin.

Kerstin sprang von dem Treppchen herunter, reckte ihre Schultern und rieb ihre schmerzenden Arme und Handgelenke: „Uuuh! Das hat zum Schluss ganz gemein gezogen! Zehn Minuten sind echt lang.“ Neugierig schaute sie zu, wie Rosi festgebunden wurde. Als das Mädchen am Kreuz hing, ließen sie es allein und gingen zum Teich.

„Zwanzig Minuten“, rief Rosi ihnen hinterher.

Agnes lieh sich Kerstins Chlorbrille und tauchte. Miriam schwamm mit Kerstin umher.

„Oh, tut das Wasser gut“, sagte Kerstin. „Meine Arme waren ganz steif.“

Miriam lachte fröhlich. Zum ersten Mal hörte Kerstin keine Schüchternheit heraus: „Am Anfang sind zehn Minuten wirklich ganz schön hart. Aber man gewöhnt sich dran. Letztes Jahr haben wir einen richtigen Wettbewerb veranstaltet, wer es am längsten aushält. Gegen Ende der großen Ferien waren wir so abgehärtet, dass wir eine ganze Stunde durchmachten.“

Kerstin machte ein verblüfftes Gesicht. „Irre!“, sagte sie anerkennend.

Nach zwanzig Minuten wurde Rosi befreit, obwohl sie lautstark verkündete, es noch stundenlang aushalten zu können.

„Wir gehen nach Hause“, sagte Miriam. „Wir haben Mutter versprochen, ein bisschen im Garten zu helfen. Es sind Bohnen zu ernten und Erdbeeren. Morgen Nachmittag haben wir genug Zeit. Dann kannst du von mir aus bis zum Abendessen am Kreuz herumhängen, wenn dir das besser gefällt, als im Teich zu schwimmen.“

Sie wandte sich Kerstin zu: „Magst du mitkommen? Du bist auf jeden Fall willkommen. Wenn du willst, kannst du zum Abendessen bleiben. Es gibt Schnippelchesbohnensuppe mit Kartoffelpfannkuchen und gezuckerten Erdbeeren in Milch." Sie sah Kerstin bittend an.

Kerstin sagte nur zu gerne ja. Der ereignisreiche Nachmittag mit den häufigen Schwimmeinlagen hatte sie hungrig gemacht. Der Gedanke an das Essen ließ ihr das Wasser im Munde zusammenlaufen. Suppe mit geschnippelten grünen Bohnen war eins ihrer Leibgerichte und sie war total närrisch auf Erdbeeren.

Miriam zeigte deutlich ihre Freude darüber, dass Kerstin die Einladung annahm. „Lass die Schuhe ruhig hier. Die klaut keiner", schlug sie vor, als Kerstin in ihre Turnschuhe schlüpfen wollte.

Zu viert marschierten die Mädchen vom Teich weg. Die Kahlenberger Mädchen trugen ihre Kleider in die Badehandtücher eingewickelt unterm Arm.

Unterwegs zeigte Miriam ihrer Klassenkameradin ihr Baumhaus: „Es ist absolut wasserdicht. Es gibt nichts Schöneres als bei Regen im Baumhaus gemeinsam unter einer Wolldecke eingemummelt zu sitzen und dem steten Trommeln des Regens auf dem Dach zuzuhören. Wir machen das oft und erzählen uns dabei selbsterfundene Märchen und Gruselgeschichten. Wenn du mal möchtest ...?"

„Gerne", antwortete Kerstin, und sie meinte es ehrlich. Der Gedanke gefiel ihr und sie musste sich eingestehen, dass sie Miriam sehr mochte.

Ich habe sie nie richtig beachtet, überlegte sie bei sich. „In unserer Klasse war sie immer das unscheinbare Mäuschen, die religiöse Spinnerin, mit der keiner etwas zu tun haben wollte. Eigentlich habe ich Miriam nur deshalb gemieden, weil meine Freundinnen es taten.

Sie zog die Stirn kraus. Waren das wirklich ihre Freundinnen? Sie erinnerte sich nur zu gut an die ständigen Sticheleien in den Pausen, daran, dass es beinahe eine sportliche Disziplin war, jemand anderen hereinzulegen und sich hämisch an seinem Pech zu freuen. Selbst ihre beste Freundin Nicole war Kerstin schon mal in den Rücken gefallen. Sowieso verstand sich Kerstin in letzter Zeit schlecht mit Nicole. Sie hatten ständig Streit miteinander gehabt, der stets von Nicole angezettelt wurde. Nicole war es auch gewesen, die Kerstin hinter ihrem Rücken bei der Clique schlechtmachte und lauter Blödsinn über sie erzählte. Kerstin hatte es von Manuela erfahren und war ziemlich geschockt gewesen, dass ihre beste Freundin so etwas tat. Von da an fühlte sie keinerlei Bedauern mehr darüber, dass Nicole im neuen Schuljahr auf eine andere Schule gehen würde.

Miriam würde mich nie so behandeln!

Der Gedanke stieg in Kerstins Seele auf wie eine Springbrunnenfontäne. Vielleicht setze ich mich nach den Ferien neben sie.

Sie musste lächeln. Miriam sah es und lächelte schüchtern zurück.

Der Pfad führte aus dem dichten Busch- und Baumbestand heraus und Kerstin konnte zum ersten Mal einen Blick über das gesamte Tal werfen. Mit einem verblüfften Ausruf blieb sie stehen.

Der Kahlenberg bestand aus drei Bergehalden. Von Wehrden aus sah man nur zwei der Gipfel. Die wurden im Volksmund „Hermann und Dorothea" genannt. Weiter hinten, von der Saar entfernt, gab es eine dritte, kleinere Halde. Innen zwischen den Halden befand sich ein eingeschlossenes Tal. Kerstin hatte keine Ahnung gehabt, wie groß dieses verborgene Tal eigentlich war. Sie war nicht gut in Geometrie, aber sie schätzte den Talkessel auf mindestens einen Kilometer Länge und eine Breite von sechshundert Metern. Die Hänge wiesen breite Stufen auf, auf denen sich kleine Felder und Weiden abwechselten. Weiter hinten im Tal standen einige kleine Häuser in losem Verbund. Die Häuschen sahen putzig aus, wie sie da inmitten großer Bauerngärten standen, umgeben von Obstwiesen.

„Unglaublich!", hauchte Kerstin. „Von draußen sieht der Kahlenberg so nackt und unfruchtbar aus und hier drinnen sieht es aus wie im Paradies. Whow!"

Miriam freute sich ersichtlich über Kerstins Reaktion: „Als sich meine Eltern mit ihren Gebrüdern vor vielen Jahren hier ansiedelten, war alles kahl. Es gab nur verdorrtes Gras, einige Büsche und Bäume. Die Menschen von der Brudergemeinschaft haben in harter Arbeit guten Ackerboden geschaffen. Wir haben unsere Gärten, in denen alles wächst, was wir brauchen, wir züchten Tiere und haben unsere Obstbäume und die Felder."

„Die sind so klein, die Äcker", meinte Kerstin. „Da kann ein Traktor kaum drauf wenden."

„Traktor?" Miriams Schwester Rosi lachte hellauf und schüttelte den Kopf, dass ihr langes, weizenblondes Haar nur so im Wind flog. „Solche Dinge benutzen wir bei der Brudergemeinschaft nicht. Wozu Geld für etwas ausgeben, das dauernd kaputt geht und die Luft verpestet? Wir haben unsere Ponys zum Pflügen."

Kerstin wurde hellhörig: „Ponys?"

Rosi nickte: „Ja, Shettys. Die sind klein und zäh. Sie brauchen nicht viel Futter und sie werden über dreißig Jahre alt. Die sind genau richtig für unsere kleinen Landparzellen."

„Die Parzellen müssen so klein sein, damit wir häufig die Fruchtfolge wechseln können", erklärte Miriam fachmännisch. „Durch häufigen Fruchtwechsel wird der Boden besser."

Der sandige Weg machte einen Knick. Sie kamen an mehreren hintereinander liegenden Teichen vorbei. Miriam erklärte der staunend lauschenden Kerstin, dass dies die Fischteiche der Kahlenberger waren. Drei kleine Bächlein speisten die Teiche.

Selbst in trockenen Sommern versiegten die Quellen nie ganz. All die vielen Bäume am Hang hatten die Menschen der Brudergemeinschaft angepflanzt, damit sie den Boden der Hänge festhielten und Wasser speicherten.

Sie kamen an einer Weide vorbei, auf der ein Dutzend Shetlandponys in allen erdenklichen Farben standen. Als sie die Kinder erblickten, kamen sie wiehernd an den Zaun galoppiert und wollten gestreichelt werden. Kerstin lief das Herz über vor Freude. Sie liebte Pferde über alles und diese Shettys waren einfach süß. Sie konnte sich kaum von ihnen losreißen, aber Miriam meinte, Kerstin könne die Pferdchen in den nächsten Wochen noch so oft streicheln, wie sie nur wollte.

„Wenn du magst, kannst du mal vormittags kommen", schlug sie vor. „In den Ferien helfen wir unseren Eltern vormittags bei der Landarbeit. Nachmittags haben wir Ferien. Ich könnte dir zeigen, wie man mit einem Gespann einen Acker pflügt oder wie man einen Ponykarren lenkt, auf dem Strohballen transportiert werden. Natürlich nur, wenn du willst."

Kerstin glaubte, sich verhört zu haben. Ihre Augen begannen zu glänzen: „Nur zu gerne würde ich das tun, Miriam. Ich liebe Pferde, und ich träume heimlich von einem eigenen Hof mit eigenen Pferden."

Sie kamen am ersten der kleinen Häuser an. An jedem Haus war ein hölzerner Schuppen angebaut. Eine blonde Frau stand im Garten und pflückte Erdbeeren. Zwei kleine Kinder, ein Junge und ein Mädchen im Alter von fünf Jahren, waren bei ihr. Kerstin erkannte sofort, dass es Miriams Mutter war. Die Ähnlichkeit war verblüffend.

Die Frau lächelte ihnen freundlich zu: „Hallo Miriam. Hallo Rosi. Hallo Agnes. Ich sehe, ihr bringt Besuch mit. Herzlich willkommen." Sie stellte ihren Erdbeerkorb ab und schüttelte Kerstin die Hand.

„Das ist Kerstin Dengel", sagte Miriam. „Das Mädchen, von dem ich dir erzählt habe. Das mir den Füller geschenkt hat."

„Ich freue mich, dich kennenzulernen", sagte Frau Gerstner. „Heda! Manfred! Wir haben Besuch!"

Ein großgewachsener blonder Mann kam aus dem Holzschuppen. Er hielt ein Zaumzeug in der Hand, an dem er gerade gearbeitet hatte.

„Hallo", sagte er freundlich und drückte Kerstin die Hand. „Besuch ist uns stets willkommen. Du bist also eine Schulkameradin von Miriam?"

Kerstin nickte stumm. Sie war von der Herzlichkeit dieser Menschen schier überwältigt.

Das änderte sich auch in den folgenden Stunden nicht. Kerstin wurde behandelt, als hätte sie schon immer dazugehört. Sie half Miriam und Rosi, die Bohnen fürs Abendessen zu ernten und zu schnippeln. Agnes verabschiedete sich und ging zu ihren eigenen

Leuten, nicht ohne Kerstin vorher zu sagen, dass sie sich auf den nächsten Tag mit ihr freue.

Frau Gerstner kochte die Suppe und bereitete leckere Kartoffelpfannkuchen dazu auf einem Herd, der mit Holz und Kohle gefeuert wurde. Der Nachtisch bestand aus gezuckerten Erdbeeren in Milch. Es gab tatsächlich keinen Strom im Tal, aber Kerstin fand es unheimlich gemütlich. Im Winter, erklärte ihr Miriam, wenn es früh dunkel wurde, stand ein Leuchter mit Kerzen auf dem Tisch oder eine Petroleumlampe.

Das Essen war fertig und sie nahmen an dem großen Tisch in der Küche Platz. An den Kopfenden saßen Herr und Frau Gerstner und an den langen Seiten die Kinder: Miriam, Rosi und Kerstin auf der einen Seite und die Zwillinge Jonathan und Esther auf der anderen Seite. Bevor das Mahl begann, betete die ganze Familie ein Tischgebet. Kerstin saß stumm dabei und lauschte angestrengt. Beim nächsten Besuch wollte sie mitbeten können.

Das Essen schmeckte hervorragend. Der lange Nachmittag am Teich hatte Kerstin hungrig wie ein Wolf gemacht. Sie langte mit großem Appetit zu. Noch nie hatte es ihr so gut geschmeckt. Es war die heimelige Atmosphäre, ganz anders als bei ihr zu Hause, wo sie sich oft selbst etwas machen musste, und wenn ihre Mutter früh genug zu Hause war, war sie oft so müde von der Arbeit, sodass es nur Fertiggerichte gab.

Nach dem Essen setzte sich die ganze Familie draußen vor dem

Haus auf rohgezimmerte Holzbänke. Herr Gerstner holte eine Ziehharmonika und Rosi und Miriam eine Blockflöte und eine Mundharmonika. Dann wurde Musik gemacht und dazu gesungen. Bei den Kirchenliedern musste Kerstin passen. Zwar erkannte sie etliche Lieder wieder, denn zur Zeit ihrer Kommunion war sie häufig in der Kirche gewesen, aber die Texte waren ihr entfallen. Erst als Frau Gerstner ihr ein Gesangbuch reichte, konnte sie mithalten. Anfangs genierte sie sich ein wenig, doch bald machte es ihr großen Spaß, mitzusingen. Herr Gerstner spielte auch ganz normale Volkslieder, von denen Kerstin die meisten kannte. Als Miriams Vater plötzlich einen Reggaesong von Bob Marley anstimmte, spitzte Kerstin erstaunt die Ohren. Das klang ja so ganz und gar nicht kirchlich!

„Could you be loved!“, sang sie mit. Diesen Text kannte sie, denn sie war ein absoluter Fan von Bob Marleys Musik. Auch bei „Buffalo Soldier“ konnte sie mitsingen.

„Die Lieder haben wir von unseren britischen Mitbrüdern“, berichtete Rosi in einer Pause. Sie war sichtlich stolz, dass Kerstin so beeindruckt von ihrer Familie war. „Weißt du, alle zwei Jahre treffen sich alle Christen der weltweiten Bruderschaft, um gemeinsam einige Tage miteinander zu verbringen. Dabei haben wir die englischen Lieder gelernt.“

Kerstin lächelte über Rosis Eifer. Diese Leute waren keine religiösen Spinner! Es waren Menschen, die ein einfaches, christliches Leben führten. Niemand hatte versucht, Kerstin zu missionieren. All das miese Gerede über die Kahlenberger war erstunken und erlogen! Selten hatte sie sich so geborgen gefühlt.

Schließlich war es Zeit für Kerstin, nach Hause zu gehen. Die Familie Gerstner verabschiedete sie herzlich.

„Komm bald wieder", bat Miriams Mutter. „Du bist immer willkommen."

„Gerne", antwortete Kerstin schüchtern. „Es war sehr schön bei Ihnen. Vielen Dank für den netten Abend und das gute Essen."

Miriam begleitete sie auf dem Heimweg.

„Hat es dir gefallen?", fragte sie Kerstin.

„Ja, sehr sogar." Kerstin war seltsam zumute. Noch nie hatte sie soviel Freundlichkeit erlebt. Sie war noch immer umgehauen von der Herzlichkeit, mit der Miriams Familie sie bei sich aufgenommen hatte. Sie mochte gar nicht an die enge, leere Wohnung denken, die zu Hause auf sie wartete.

„Wie schön ihr es hier habt", sagte sie. „Die Gärten und Obstwiesen. All die Tiere. Und nur Natur rund ums Haus."

Miriam lächelte: „Ja. Findest du es schlimm, dass wir ein einfaches, armes Leben führen?"

„Arm?" Kerstin stutzte. „Ihr habt doch alles ..."

Miriam schaute trotzig drein: „Die von draußen sehen das anders! Die halten uns für Spinner und arme Schlucker, bloß weil wir kaum Geld haben. Dabei brauchen wir kaum welches. Alles was wir brauchen, erzeugen wir selbst. Wir machen sogar unsere eigenen Möbel." Sie biss sich auf die Lippen: „Einmal kamen so Leute von Jugendamt. Jemand von draußen hatte sie uns auf den Hals gehetzt, hatte behauptet, uns Kindern ginge es schlecht und wir seien total verwahrlost. Pah!" Neben Trotz erkannte Kerstin nun auch Stolz in Miriams Haltung. „Uns Kindern von der Brudergemeinschaft geht es gut! Wir haben Eltern, die gut für uns sorgen und uns anständig und gesund ernähren. Bei uns gibt es keine Scheidungen und Kinder, die den ganzen Tag alleine in der Wohnung hocken, während die Mutter oder der Vater bei der Arbeit sind! Bei uns gibt es keine verwahrlosten Kinder, die bis spätabends draußen auf der Straße herumstreunen! Unsere Eltern sind immer für uns da. Das haben auch die Jugendamtmenschen schnell erkennen müssen. Seitdem haben wir Ruhe."

Kerstin schluckte hart. Sie dachte an die leere Wohnung zu Hause und an die Sehnsucht nach ihrem Vater, den sie nur alle vierzehn Tage am Wochenende sehen durfte. Wie viel besser hatte es Miriam!

„Arme Schlucker nennen die uns!", fuhr Miriam fort, und wieder klang Stolz in ihrer Stimme. „Wir von der Brudergemeinschaft leben am liebsten ein wenig abgesondert von den anderen Leuten. Deshalb siedeln wir oft an solch unwirtlichen Plätzen. Als unsere Leute vor vielen Jahren das Tal im Kahlenberg besiedelten, meinten die Leute in den Ämtern, sie seien verrückt." Sie machte eine Handbewegung, die das ganze Tal umfasste: „Sag selbst Kerstin: Hast du je solch fruchtbare Erde gesehen? Draußen müssen die Bauern chemischen Dünger auf ihre Felder streuen, damit überhaupt noch etwas dort wächst, und das verdirbt den Boden und vergiftet das Grundwasser. Wir von der Brudergemeinschaft düngen mit dem Dung unserer Tiere und wir ernten von unseren kleinen Feldern das Vierfache der Bauern draußen. Von wegen arme Schlucker!"

Plötzlich seufzte sie und machte ein zerknirschtes Gesicht: „Es tut mir leid, Kerstin. Ich sollte nicht so zornig und überheblich daherreden. Bitte verzeih mir."

Kerstin war überrumpelt. „Aber du hast doch völlig Recht!", rief sie aus. „Du kannst ruhig stolz auf die Leistung deiner Familie sein und ich verstehe deinen Zorn sehr gut."

Miriam senkte den Kopf: „Stolz und Zorn sind nicht gut. Es ist nicht christlich."

„Aber du, du bist gut!", sagte Kerstin leise und griff nach Miriams Hand.

Schweigend setzten sie ihren Weg fort. Sie kamen am Badeteich vorbei.

„Morgen bringe ich meine Taucherbrille mit", versprach Kerstin. „Und die Schwimmflossen."

„Kannst du ein Instrument spielen?", wollte Miriam wissen.

„Ich habe eine Mundharmonika. Auf der ich ganz gut bin."

Miriam lächelte erfreut: „Fein. Bring sie mit und wir bringen unsere Mundharmonikas und Flöten mit. Dann machen wir ein bisschen Musik und singen dazu."

„Gerne!" Kerstin freute sich. Vor einigen Wochen hätte sie über eine solche Idee noch die Nase gerümpft, genau wie die Anderen aus ihrer Clique. Und jetzt erschien es ihr wie das Natürlichste der Welt.

Kerstin zog ihre Jeans und das T-Shirt über den Bikini. Die Turnschuhe packte sie in ihre Schwimmtasche. Sie hatte beschlossen, barfuß nach Hause zu laufen. Da ihre Mutter erst spät kommen würde, konnte sie nicht motzen. Warum eigentlich auch? Es war doch schön, mit bloßen Füßen zu gehen und gesund dazu. Doch Kerstin war sich sicher, dass es ihrer Mutter nicht recht wäre. Immerzu hatte die was an ihr auszusetzen. Kerstin konnte ihr nichts recht machen. Von Miriams Eltern hatte sie im Verlauf des Abends kein Gemotze gehört. Bei guten Christen schien nicht gemotzt zu werden.

Sie stiegen den schmalen Pfad hoch, der über den Hang zwischen den beiden Gipfeln nach Wehrden führte.

Miriam war plötzlich sehr ernst: „Kerstin. Darf ich dich was fragen?"

Kerstin nickte.

„Glaubst du an Gott?“

Kerstin überlegte. Klar, sie glaubte schon, dass es da jemanden gab, der über alles wachte und so. Aber wie sollte sie das Miriam erklären, die in einer Gemeinschaft lebte, in der Gott und Christlichkeit ganz groß geschrieben wurden? Ihr fiel ein, was Miriam am Nachmittag übers Schwören gesagt hatte: Euer Ja sei ein Ja und euer Nein sei ein Nein. Alles andere ist von Übel.

Sie blickte Miriam tief in die Augen. „Ja“, sagte sie schlicht.

Miriam lächelte sie an: „Ich wusste es!“

Sie gingen weiter. Miriam begleitete Kerstin noch bis nach unten an den Fuß des Kahlenbergs.

„Kommst du morgen wieder?“, fragte sie beim Abschied.

„Ja, gerne“, erwiderte Kerstin. Sie freute sich aufs Schwimmen und Tauchen und es würde sicher schön sein, am Teich gemeinsam zu musizieren und zu singen. Und sie freute sich bereits im Voraus auf Miriams Familie, bei der sie so herzliche Aufnahme gefunden hatte.

Miriam sah Kerstin ernst an: „Ich habe mich unheimlich gefreut, dass du heute gekommen bist, Kerstin. Ich dachte schon, du kommst nie, dass du auch so wie die Anderen von draußen bist und verächtlich auf uns runtersiehst. Es tut mir leid, dass ich so über dich gedacht habe.“

Kerstin fühlte einen dicken Kloß in ihrem Hals aufsteigen. „Ich war ja auch ein bisschen so wie die“, sagte sie. Sie schämte sich ein bisschen. „Ich dachte, dass ihr Kahlenberger religiöse Spinner seid, die mit der Zivilisation nichts zu tun haben wollen. Dabei war es heute so wunderschön. Es tut mir sehr leid, dass ich immer über dich hinweggesehen habe, Miriam. Ich hab mich echt blöd benommen.“ Kerstin nahm all ihren Mut zusammen: „Sag, darf ich deine Freundin werden?“

Miriams Gesicht explodierte in einem freudigen Lächeln: „Ja, Kerstin. Gerne!“

Jetzt war Kerstin diejenige, die schüchtern war: „Darf ich mich nach den Ferien in der Schule neben dich setzen?“

Miriam blickte sie aus großen Augen an und nickte stumm. Einen Augenblick standen sich die zwei Mädchen wortlos gegenüber. Dann umarmten sie sich.

„Bis morgen, Miriam“, sagte Kerstin und wandte sich zum Gehen.

„Bis morgen“, sagte Miriam. „Ich freue mich schon auf dich.“

Kerstin lief nach Hause.

Es machte ihr nichts mehr aus, dass eine leere Wohnung auf sie wartete. Sie würde sich eine Portion Eis aus der Gefriertruhe holen und ein wenig fernsehen. Oder sie würde eine Dose Limo trinken. Bei dem Gedanken kam ihr eine Idee. Sie konnte morgen die Kühltasche mitnehmen und Limonade darin transportieren. Das würde Miriam und den anderen Mädchen bestimmt schmecken. Sie konnte einige Tüten Chips und Erdnussflips zum Naschen mitbringen und Schokolade. Die würde in der Kühltasche nicht weich werden.

Ich könnte Miriam mal zu mir nach Hause einladen, überlegte Kerstin. Ich wäre gespannt, was sie zu Pizza und Videos zu sagen hat.

Der Gedanke gefiel ihr. Auch der Gedanke, nach den Ferien neben Miriam zu sitzen. Alles gefiel ihr an diesem Tag.

Sie bog in die kleine Gasse ein, die zu ihrer Straße führte. Hier gab es Kopfsteinpflaster. Zum ersten Mal in ihrem Leben lief sie barfuß darüber und war erstaunt, wie herrlich glatt es sich anfühlte. Das Pflaster hatte noch die Sonnenwärme des Tages gespeichert und die glatten Steine schmiegten sich angenehm warm an ihre Sohlen.

Kerstin war froh, dass sie sich am Mittag dazu durchgerungen hatte, Miriam am Kahlenberg zu besuchen. Das war, fand sie, die beste Idee ihres Lebens gewesen.

Mit einem Mal erschienen ihr diese Sommerferien als die schönsten der Welt.

Am Tag darauf wunderte sich Kerstins Mutter, dass ihre Tochter so früh aufstand und gemeinsam mit ihr frühstückte: „Du bist aber früh aufgestanden und das in den Ferien! So kenne ich meine kleine Schlafmütze gar nicht."

„Ich geh nachher zu meinen neuen Freundinnen. Wir verbringen den ganzen Tag zusammen. Wir gehen schwimmen."

„Schön, dass du neue Freundinnen kennengelernt hast", meinte ihre Mutter. Sie seufzte lautlos. Ihr war klar, dass es für Kerstin langweilige Ferien waren, vor allem, seit ihre Schulfreundinnen alle in Urlaub gefahren waren. „Leider fehlt uns das Geld für einen teuren Urlaub."

Frau Dengel gab sich einen Ruck: „Weißt du was, Maus, heute gönnen wir uns mal einen schönen Abend zusammen, nur du und ich. Wir gehen eine Pizza essen und danach gibt es eine Riesenportion Eis beim Italiener. Dann hocken wir uns zu Hause auf die Couch, zünden ein paar Kerzen an, lassen schöne Musik laufen und kuscheln und reden ein bisschen. Magst du?"

Kerstin lächelte erfreut: „Ja, Mutti. Gerne. Ich freu mich schon drauf. Ich komme gegen fünf Uhr nach Hause. Dann habe ich noch Zeit, um zu duschen." Sie stand auf und belud die Kühltasche mit Kühlakkus aus dem Gefrierschrank und tat Limonadedosen und Schokoladentafeln dazu.

„Verpflegung für den Tag", erklärte sie. Sie schnallte sich ihren kleinen Rucksack mit den Badesachen um und schleppte die

Kühltasche zur Tür. An der Tür stellte sie die Tasche ab, kehrte zu ihrer Mutter zurück und umarmte sie: „Ich hab dich lieb, Mutti!“

Ihre Mutter drückte sie zärtlich an sich: „Ich dich auch, Maus.“

Die schwer beladene Kühltasche den steilen gewundenen Pfad am Kahlenberg hochzuschleppen, war eine ziemliche Plackerei. Kerstin kam ins Schwitzen, und sie war froh, als es auf der andere Seite des Hangs endlich bergab ging.

Nur gut, dass es heute Nachmittag leichter wird, wenn die Dosen leergetrunken sind, dachte sie bei sich.

Sie stellte ihren Rucksack und die Kühltasche beim Badeweiher im Schatten der Bäume ab und lief zum Gerstnerhof.

Erneut wurde sie aufs Herzlichste empfangen. Kerstin fühlte sich, als käme sie nach langer Abwesenheit nach Hause.

„Lass deine dicken Turnschuhe beim Haus“, schlug Miriam vor. „Sonst wird dir zu heiß.“

Kerstin folgte Miriams Rat und entledigte sich ihrer Schuhe und Socken. Miriam nahm Kerstin mit auf die Weide. Sie lockten die kleinen, stämmigen Shetlandponys und führten sie zur Scheune beim Haus. Miriam zeigte Kerstin, wie man den Pferdchen ein

Geschirr anlegte und sie vor einen einfachen Handpflug spannte. Kerstin platzte fast vor Stolz, als sie ihr Zweiergespann vom Hof lenken durfte.

Zweihundert Meter vom Haus entfernt pflügten die Mädchen ein kleines Äckerchen um. Miriams Schwester Rosi brachte auf einem Handkarren einen Sack mit Samen mit. Es sollte Wintergerste ausgesät werden. Abwechselnd pflügten Miriam und Kerstin Furche um Furche. Kerstin war erstaunt, wie leicht ihr das Führen des Gespanns fiel. Miriam musste lachen, als sie es ihr erzählte.

„Die Ponys kennen die Arbeit in und auswendig", sagte sie. „Sonst würdest du dich mal umgucken." Kerstin stimmte in das fröhliche Lachen ein.

Das klitzekleine Feld war schnell gepflügt und Miriam zeigte Kerstin, wie man die Samenkörner in einem um die Schulter geschlungenen Tuch verstaute und breitwürfig aussäte. Rosi lief hinter ihnen her und glättete die Erde mit einem groben Rechen.

„Damit die Vögel nicht drüber herfallen", erklärte sie Kerstin.

Als sie fertig waren, brachten sie die Ponys auf die Weide zurück und ernteten im Garten beim Haus grüne Bohnen. Anschließend putzten sie das Gemüse auf der überdachten Veranda des Hauses. Kerstin lernte, wie man die Bohnen wusch und in Streifen schnitt.

„Wenn man die Bohnen nicht schneidet, lassen sie sich nicht

einsäuern“, sagte Miriam.

Die Schnippelbohnen wurden fünf Minuten lang gekocht und danach in Fünfzehnliterfässer aus Steingut eingelegt. Man gab ein wenig Salz in das Fass, legte eine Lage Bohnen hinein und drückte das Gemüse vorsichtig mit einem hölzernen Stampfer zusammen. Die Bohnen mussten so fest zusammengedrückt werden, dass alle Luft dazwischen entwich, aber man durfte sie nicht zerquetschen. Nach jeder Lage Gemüse kam wieder ein wenig Salz dazu.

Bald bildete sich Flüssigkeit aus dem geschnittenen Gemüse. War ein Fass fast voll, kamen zwei halbkreisförmige Keramiksteine zur Beschwerung auf die Bohnen. Stand der ausgetretene Saft nicht hoch genug, goss Frau Gerstner abgekochtes Wasser hinzu. Das Gemüse musste vollständig von Flüssigkeit bedeckt sein, um für Luftabschluss zu sorgen.

Ganz zum Schluss kam der Deckel auf das Fass. Dieser Deckel lag in einer rundum laufenden Rinne, die mit Wasser gefüllt wurde.

„Das war es“, sagte Miriam. „Jetzt bleibt das Fass zwei bis drei Tage in der Wärme stehen, damit das Gemüse zu gären beginnt. Das dabei austretende Kohlendioxid drückt die Luft aus dem Fass und versiegelt das Gemüse. Danach kommt das Fass in den kühlen Keller, wo die Bohnen langsam weiter gären. Nach fünf bis sechs Wochen ist das Sauergemüse fertig, und man darf den Deckel öffnen. Bis dahin muss man die Deckelrinne täglich kontrollieren und wenn nötig Wasser nachgießen. So entsteht ein herrlich schmeckendes Sauergemüse, das sich den ganzen Winter über hält.

Wir säuern sehr viel von unserem Gemüse ein. Mutter sagt, Einsäuern ist besser als Einkochen, weil dabei neues Vitamin C entsteht.“

Kerstin war verblüfft. „Alle Gemüsesorten? Ich kenne bloß Sauerkraut und saure Bohnen. Die kauft meine Mutter im Supermarkt.“ Der Gedanke, alles selbst zu machen, faszinierte sie. „Wir haben daheim einen Keller. Ich werde Mutti erzählen, wie man saures Gemüse macht. Sag mal Miriam, kann man verschiedene Gemüsesorten mischen?“

„Gewiss. Das machen wir oft. Wir schneiden alles zusammen ein: Rotkohl, Weißkohl, Wirsing, Bohnen, Karotten, Sellerie, Lauch und andere Gemüse. Als Eintopf schmeckt das wunderbar.

Komm, räumen wir auf! Es gibt gleich Mittagessen.“

Kerstin half gerne. Es kam ihr nicht wie Arbeit vor. Dazu machte es viel zu viel Spaß.

Beim Mittagessen gab es einen weiteren Gast am Tisch der Familie Gerstner. Es war ein grauhaariger Mann, mit Bart und wachen, nussbraunen Augen.

„Bruder Markus Scherer, einer der Ältesten unserer Gemeinschaft“, stellte Herr Gerstner den Gast vor. „Der Rat der Ältesten leitet die Brudergemeinschaft.“

„Ich freue mich, dich kennen zu lernen, Kerstin“, sprach der Älteste.

Vor dem Essen wurde gebetet. Der Älteste und Herr und Frau Gerstner lächelten freundlich, als Kerstin laut mitbetete.

Das Mittagessen bestand aus Gartengemüseeintopf mit Hackfleisch. Zum Nachtisch gab es eingeweckte Kirschen. Kerstin schmeckte es hervorragend.

„Arbeit an frischer Luft macht hungrig“, meinte Markus Scherer lächelnd.

„Und wie!“, entgegnete Kerstin.

„Sag Kind, bist du getauft?“

Kerstin nickte: „Ja. Ich bin katholisch. Wir, also meine Mutti und ich, gehen aber fast nie in die Kirche. Nur zu Ostern und Weihnachten manchmal.“

„Du wurdest als Säugling getauft?“, fragte Miriams Vater dazwischen.

Kerstin bejahte.

„Weißt du, dass es nach den Gesetzen dieses Landes verboten ist, einen Säugling zu taufen?"

Kerstin sperrte den Mund auf: „Wie bitte? Das habe ich noch nie gehört. Ist das wahr?"

Herr Gerstner nickte: „Ja, Kind. Die Verfassung der Bundesrepublik Deutschland verbietet es. Trotzdem geschieht es ständig. Wir von der Brudergemeinschaft tun so etwas nicht. Bei uns kann man sich erst taufen lassen, wenn man erwachsen ist. Nur wer volljährig ist, kann der Gemeinschaft als vollwertiges Mitglied beitreten.

Was da draußen Jahr für Jahr hunderttausenden unschuldigen Babys angetan wird, ist schlicht und ergreifend ein Verbrechen."

„Bruder Manfred!", sprach der Älteste Markus sanft. „Bitte mäßige Dich."

„Ältester, wenn ein Gesetz gebrochen wird, dann ist das ein Verbrechen!", beharrte Miriams Vater. „Oh, die Kirchen wissen genau, warum sie das machen! Wenn ein Säugling stirbt, kassieren sie munter ihren Anteil vom Erbe!

Ja, Kerstin, dort draußen begeht man permanent Verbrechen gegen wehrlose kleine Kinder! Bricht man die bestehenden Gesetze!"

„Ich find es nicht so schlimm", warf Kerstin ein. „Wenn ich größer bin, kann ich mir ja aussuchen, welche Religion für mich die Richtige ist.“ Sie schaute Miriam an, die still neben ihr saß.

Vielleicht weiß ich heute schon, welcher Glaube für mich der richtige ist, überlegte sie.

Markus Scherer war Kerstins Blick nicht entgangen. Als Miriams Vater weitersprechen wollte, brachte er ihn mit einer Handbewegung zum Schweigen.

„Deine Antwort klingt recht erwachsen“, sprach er zu Kerstin. „Ich glaube, du wirst als erwachsener Mensch eine gute Wahl treffen.“

Kerstin freute sich über das Lob.

„Bist du hier im Tal gut aufgenommen worden?“, wollte Bruder Markus wissen.

Kerstin nickte: „Ja, sehr gut. Danke. Noch nie sind mir Menschen begegnet, die so herzlich zu mir waren. Ich fühle mich, als wäre ich nach langer Zeit endlich nach Hause gekommen.“

Der Älteste warf Miriams Eltern einen bedeutungsvollen Blick zu.

„Gefällt es dir bei uns?“, hakte er nach.

„Ja, sehr. Alle sind so nett zu mir und die Art, wie die Menschen hier leben, finde ich klasse! So … so ...“, Kerstin rang nach Worten. „So im Einklang mit der Natur. Keiner fährt laute, stinkende Autos. Es gibt keine Hetze, wie bei uns draußen. Dort hat niemand Zeit.

Alles wird von Hand gemacht und die Felder mit Pferden bestellt. Ich liebe Pferde über alles."

Kerstin lachte fröhlich: „Bei euch macht sogar die Arbeit Spaß!"

„Das hast du sehr schön gesagt, Kerstin", sprach Miriams Mutter sanft.

„Weil es wahr ist!" Kerstin hatte sich in Fahrt geredet. Der Teller mit Gemüseeintopf stand vergessen vor ihr auf dem Tisch. „Ich glaube, ihr könnt euch gar nicht vorstellen, wie scheußlich das Leben draußen sein kann. Immer nur Hetze und Geschimpfe. Die Autofahrer rasen rücksichtslos herum. Alles muss schnell, schnell gehen und die Menschen sind kalt zueinander.

Meine Mutter hat fast nie Zeit für mich, und sie ist immerzu todmüde von der anstrengenden Arbeit." Kerstin seufzte. „Ich hätte so gerne eine richtige Familie wie Miriam."

Die Erwachsenen warfen sich Blicke zu.

„Bei euch ist alles anders als draußen", sprach Kerstin leise. „Draußen ist mir manchmal ganz kalt im Herzen. Das könnt ihr euch sicher nicht vorstellen."

Miriam legte ihre Hand auf Kerstins: „Doch Kerstin. Das können wir. Alle Mitglieder der Bruderschaft haben es während ihrer Schulzeit kennen gelernt." Miriam schaute Kerstin tief in die Augen: „Du bist immer bei uns willkommen."

Kerstin fühlte einen Kloß in ihrem Hals aufsteigen.

„Danke", war alles, was sie herausbrachte. Miriams Mutter wischte sich die Augen.

Die weitere Mahlzeit verlief schweigend, doch es war ein freundliches und angenehmes Schweigen.

Nach dem Essen verabschiedete sich der Älteste von den Kindern: „Ich wünsche euch viel Spaß an eurem freien Nachmittag."

Miriam, Rosi und Kerstin holten rasch Agnes Perlmann auf dem Nachbarhof ab und liefen zum Badeteich am Talrand.

Diesmal hatte Kerstin zusätzlich zu ihrer Chlorbrille noch Taucherbrille, Schnorchel und Gummiflossen dabei. Agnes, Rosi und Miriam waren begeistert, aber Kerstin genoss die atemberaubende Unterwasserlandschaft ebenfalls. Bisher hatte sie ihre Tauchersachen nur im Freibad benutzen können. Ihre Mutter sprach manchmal von einem Urlaub am Meer oder wenigstens am Chiemsee, wo man toll schnorcheln konnte, aber das Geld reichte hinten und vorne nicht.

Hätte sie sich eben nicht von Papa scheiden lassen sollen!, dachte Kerstin missmutig, als sie durchs glasklare Wasser tauchte. Sie schwamm über ein dichtes Büschel hellgrüner

Wasserpflanzen hinweg und beobachtete einen Schwarm Jungfische, die über den Sandboden flitzten. Am Rand des Pflanzenteppichs stakte ein Flusskrebs einher.

Das mit den Scheidungen war eine richtige Seuche, fand Kerstin. Fast alle ihre Schulfreundinnen hatten ihre Väter durch Scheidung verloren, und so gut wie immer waren es die Mütter, die die Ehe beendeten. Einfach so! Die Kinder wurden nicht gefragt.

Und kaum hatte eine ihren Mann verlassen, rannte sie zu ihrer besten Freundin und hetzte diese so lange auf, bis sie sich ebenfalls scheiden ließ.

Genauso hatte es Marlies gemacht. Marlies war Mutters Freundin. Kaum hatte sie sich von ihrem Mann getrennt, hatte sie so lange an Kerstins Mutter gedrängelt und gehetzt, bis diese sich ebenfalls scheiden ließ. Danach hatte Kerstins Mutter ihre Freundin Petra angestiftet, ihren Mann zu verlassen.

Kerstin erinnerte sich gut daran, wie die Frauen im Wohnzimmer zusammenhockten, eine Zigarette nach der anderen rauchten und sich gegenseitig Tipps gaben, wie man noch mehr Geld aus den abgelegten Ehemännern herausholen konnte.

„Das steht uns ja schließlich zu", pflegte Marlies zu sagen.

Miese Kuh!, dachte Kerstin verbittert. Du bist schuld, dass ich keine richtige Familie mehr habe! Vorher hatten wir genug Geld für Urlaub!

Aber sie war nur ein Kind und wurde nicht gefragt. Ob der seelische Schmerz sie schier umbrachte, interessierte kein Aas, schon gar nicht ihre Mutter. Die Welt war ungerecht und gemein!

Nur hier oben auf dem Kahlenberg ist die Welt schön und gut, überlegte Kerstin. Wenn doch alle Menschen ein solch einfaches Leben in der Natur führen würden! Dann gäbe es bestimmt keine Scheidungen und Kinder, denen das Herz dabei entzweigerissen wird.

Sie tauchte auf und blickte geradewegs in Miriams freundliches Gesicht.

Könnte ich nur für immer hier leben!, dachte Kerstin sehnsüchtig. Sie stieg aus dem Wasser und trocknete sich ab.

„Agnes! Miriam! Rosi! Kommt mal! Ich habe etwas mitgebracht“, lockte sie und holte die Kühltasche herbei.

Limo und Schokolade riefen große Begeisterung hervor und Kerstin freute sich über ihren Einfall.

„Solche Sachen kann ich öfter mal mitbringen“, meinte sie locker.

Nachdem sie sich sattgetrunken hatten, lagen sie faul im Sand neben dem kleinen Weiher.

„Lasst uns Fesseln spielen", schlug Rosi vor.

„Pffft! Es ist viel zu heiß, und ich bin viel zu müde", brummte Agnes.

„Ach, kommt schon!", bettelte Rosi.

„Ich habe auch keine Lust", sagte Miriam. „Bin viel zu faul."

Rosi blickte Kerstin bittend an. Die hätte schon Lust auf ein kleines Fesselspiel gehabt, aber Miriam war ihre neue Freundin und sie musste zu ihr halten. Außerdem war sie zu müde für Spiele.

„Keine Lust, Rosi", sagte sie.

„Oooch! Nun macht doch mit!", quengelte Rosi. Sie gab noch nicht auf. „Es hat dir gestern doch gut gefallen, Kerstin. Sollen wir nicht? Wenn Agnes und Miriam nicht wollen, spielen wir beide eben allein."

„Nein, ich will nicht", antwortete Kerstin entschieden. Diese Rosi fing echt an zu nerven. Typisch kleine Schwester!

„Ihr könntet mich wenigstens anbinden", drängelte Rosi. „Das dauert nur zwei Minuten. Dann könnt ihr mich eine halbe Stunde allein lassen und faulenzen. Von mir aus sogar eine ganze Stunde."

„Das würde dir so passen!", knurrte Agnes. „Und alle drei Minuten schreist du: Iiih, eine Stechmücke! Hilfe, eine Spinne!

Eine Wespe! Die Stricke tun weh, macht mich los! Nichts da, meine Liebe. Heute wird nicht gefesselt."

„Ihr seid gemein!" Trotzend hockte sich Rosi etwas abseits ins Gras.

Nach einer Weile wandte sich Kerstin Miriam zu: „Heute bleibe ich nicht zum Abendessen. Meine Mutter geht mit mir Pizza und Eis essen." Sie sah Miriams Blick und bedauerte beinahe die Verabredung mit ihrer Mutter. „Weißt du, sie hat so wenig Zeit für mich. Ich bin richtig froh, dass sie mal was mit mir unternimmt. Morgen bleibe ich den ganzen Tag bei euch, auch zum Abendessen." Sie zögerte: „Das heißt, wenn ich darf."

Miriam lächelte sie an: „Selbstverständlich darfst du. Du bist jederzeit willkommen."

Gegen sechzehn Uhr zog sich Kerstin ihre Jeans und das T-Shirt an: „Ich muss los. Ich will zu Hause noch duschen und mich neu anziehen."

Miriam stand auf: „Ich begleite dich nach draußen."

„Ich nicht!", schmollte Rosi mit vorgeschobenem Kinn. Kerstin verbiss sich ein Lachen. Schön zu sehen, dass ein Sektenkind sich völlig normal benahm und mal die beleidigte Leberwurst spielte.

Agnes gab ihr zum Abschied die Hand: „Auf Wiedersehen Kerstin. Es war schön, dass du hier warst. Bis morgen?"

„Bis morgen", sagte Kerstin und lief mit Miriam in Richtung Pfad. Ihre Turnschuhe steckten im Rucksack.

Miriam bestand darauf, die leere Kühltasche zu tragen. Eine Zeitlang liefen sie schweigend den Pfad entlang. Unter den Bäumen war der weiche Untergrund angenehm kühl. Es war eine Wohltat, barfuß zu gehen. Kerstin blickte zwischen den Baumkronen zum rechten Gipfel des Kahlenbergs auf. Ganz oben war er nackt und kahl. Nur hier und da wuchs etwas Gras.

„Kann man bis rauf auf den Gipfel, Miriam?"

„Ja. Es gibt mehrere Pfade hinauf. Ich steige oft hoch und schaue mir die Umgebung an. Bei klarem Wetter kann man unheimlich weit schauen."

Kerstin musterte den kahlen Gipfel. Er wirkte steinig: „Kann man ohne Schuhe da hoch?"

„Sicher", antwortete Miriam. „Oder glaubst du, ich ziehe jedes Mal Bergsteigerstiefel an, um hinaufzuklettern?" Sie lachten beide.

Kerstin freute sich, Miriam als Freundin bekommen zu haben. Sie stellte erstaunt fest, dass sie der ewig nörgelnden, intriganten Nicole kaum hinterher trauerte. Innerlich hatte sie sich schon in den letzten Wochen der Schulzeit von ihr gelöst.

Miriam sagte etwas.

Kerstin schreckte auf. „Was? Verzeih, ich war in Gedanken."

„Ob du morgen Nachmittag auf den Kahlenberg hochsteigen möchtest, habe ich gefragt."

„Gute Idee. Ich bringe meinen Fotoapparat mit. Wenn die Fernsicht echt so toll ist, kriege ich bestimmt ein paar gute Bilder. Ich könnte auch hier im Tal ein bisschen knipsen." Kerstin runzelte die Stirn. „Hoffentlich ist das bei euch nicht verboten."

Miriam schüttelte ihren Blondschopf: „Natürlich nicht. Wir sind ja keine Amish-Leute." Sie kicherte. „Die wollen nicht fotografiert werden, und die machen ihre Kleider mit Sicherheitsnadeln zu."

Kerstin riss die Augen auf: „In echt?"

„Ja doch!"

„Wieso?"

„Bruder Anton, einer unserer Ältesten, hat mir gesagt, die halten Knöpfe für Hochmut."

„Hochmut? Versteh ich nicht. Was ist an Knöpfen hochmütig?"

„Ich habe es ebenfalls nicht verstanden", stimmte Miriam ihr zu. „Bruder Anton hat es mir erklärt. Die Amishen gründeten ihre Bruderschaft im sechzehnten Jahrhundert. Damals hatten nur die Reichen, die Adligen und das Militär Knöpfe an ihren Kleidern. Die einfachen Leute hielten ihre Kleidung mit Spangen, Gürteln und Verschnürungen zusammen. Weil die Adligen, das Militär und die hohe katholische Geistlichkeit für die Amishen der Inbegriff an Hochmut waren, erklärten sie das Verwenden von Knöpfen für Hochmut.

Das kapiere ich, aber heute ist es doch völlig anders.“

„Ihr von der Brudergemeinschaft habt aber auch einige komische Regeln“, warf Kerstin ein. „Zum Beispiel: keine Autos und keinen Strom. Okay, das mit den Autos sehe ich ein, die verschmutzen die Umwelt. Aber Strom?“

Miriam schaute ihre Freundin verwundert an: „Aber Kerstin! Du weißt doch, wie Strom hergestellt wird!“

„Natürlich weiß ich das. Hatten wir erst vor Kurzem in der Schule. In Kraftwerken werden Turbinen von Dampf angetrieben und die Turbinen treiben Generatoren an. Das sind so Maschinen wie riesige Fahrraddynamos. Und der Dampf … ach ja … da wird Kohle verbrannt, um das Wasser zu Dampf zu machen, oder Öl. Oder noch schlimmer: Atomkraftwerke mit der schrecklichen Strahlung.“

„Da hast du es“, sprach Miriam. „Egal wie die Elektrizität hergestellt wird, die Welt wird dabei mit Gift beschmutzt und verseucht. Deshalb benutzen wir Menschen von der Brudergemeinschaft grundsätzlich keinen Strom. Wir setzen damit ein Zeichen."

„Es gibt aber Windgeneratoren, Solarzellen und Wasserkraftwerke", setzte Kerstin spitzfindig hinzu. „Das ist völlig sauber."

„Du hast recht", antwortete Miriam. „Mir fällt nichts dazu ein. Ich muss mit meinen Eltern darüber sprechen." Sie war sehr nachdenklich und sah ein wenig traurig aus.

„Kein Wunder, dass ihr da draußen uns für Spinner haltet", sagte sie so leise, dass Kerstin sie fast nicht verstand. „Nur du nicht, Kerstin. Du bist anders."

Kerstin wurde rot.

„Nein, Miriam", sagte sie. „Ich bin genau wie alle Anderen gewesen. Früher habe ich dich auch für eine Spinnerin gehalten. Ich bin nicht besser als meine Schulfreundinnen. Ich habe mir nicht die Mühe gemacht, auf dich einzugehen. Ich habe über dich hinweggesehen, und das tut mir heute wahnsinnig leid. Ich fühle mich echt mies deswegen. Du bist so ein unglaublich lieber Mensch."

Miriam blieb stehen: „Sag das noch mal!"

Kerstin zuckte hilflos mit den Schultern: „Weil es wahr ist! Ich kenne dich erst seit zwei Tagen, Miriam, aber ich habe das Gefühl, als wären wir seit Ewigkeiten Freundinnen. Es tut mir leid, dass ich in der Schule so arrogant zu dir gewesen bin.

Verzeihst du mir?"

Miriam stellte die Kühltasche ab und ergriff Kerstins Hände: „Wir reden nicht mehr drüber, ja? Vergessen und vergeben. Lass uns einfach Freundinnen sein."

Kerstin schluckte den Kloß in ihrem Hals herunter: „Ja, Miriam."

Sie setzten den Weg fort.

Miriam begann leise zu singen. Kerstin fiel in den Gesang ein. Sie lächelten einander an und stiegen den steilen Pfad hinab. Unten umarmte Miriam Kerstin.

„Bis morgen Kerstin. Ich freue mich auf dich."

„Ich mich auch. Tschüs Miriam."

Kerstin lief zur Straße. Sie drehte sich noch einmal um und winkte dem blonden Mädchen zu. Miriam winkte lächelnd zurück.

Abends ging Kerstin mit ihrer Mutter in die nahe gelegene Pizzeria. Hinterher gab es noch eine Portion Eis von der Eisdiele. Eis schleckend gingen sie nach Hause. Daheim zündeten sie ein paar Duftkerzen auf dem Wohnzimmertisch an und legten eine CD mit Musik aus den Anden auf. Sie liebten beide diese südamerikanischen Indiolieder. Als das erste Lied erklang, kuschelten sie gemütlich auf der Couch.

„Wie war es heute?", fragte Frau Dengel. „Du hast nichts erzählt."

Kerstin lachte: „Weil wir die ganze Zeit rumgealbert haben, und dann haben wir über Frau Bodamer hergezogen und über ihre fette Katerkatze."

Sie lachten beide. Frau Bodamer war eine Nachbarin und dürr wie eine Vogelscheuche. Im Gegensatz dazu war ihr kastrierter Kater fett wie ein Rollmops. Es sah zum Schießen komisch aus, wenn die Bodamer ihr dickes Katzenvieh umher trug und flötete: „Ach Mäuschen, mein kleiner Katzenkater. Wie geht's denn meiner kleinen Katerkatze?"

Einen Kater „Mäuschen" zu nennen, war schlimm genug, aber auch noch ein solches Monstrum?

Kerstin gickelte los: „Sie sollte ihn lieber Elefäntchen nennen!"

Sie prusteten los.

Endlich wurde Kerstin ernst: „Mama, sag mal, stimmt es, dass es gegen die Gesetze unseres Landes verstößt, ein kleines Baby taufen zu lassen?" Sie erzählte von dem Gespräch am Mittagstisch der Familie Gerstner.

Ihre Mutter nickte: „Das stimmt tatsächlich, Kerstin."

Kerstin war baff: „In echt? Taufen ist gegen das Gesetz?"

„Eigentlich ja, wenn man die Sache sehr spitzfindig angeht. Aber es wird geduldet, weil es allgemein üblich ist. Genauso wie die Stadt Völklingen es duldet, dass deine neuen Freunde auf dem Kahlenberg wohnen. Das ist nämlich verboten."

Kerstins Kopf ruckte hoch: „Ist nicht wahr!"

„Doch, Liebes. Diese Leute von der Bruderschaft haben vor etwa fünfundzwanzig Jahren das Tal auf dem Kahlenberg klammheimlich in einer Nacht- und Nebelaktion besetzt. Sie haben Bretterbuden aufgestellt und Äcker und Beete angelegt."

Kerstin gaffte hingerissen.

Ihre Mutter wuschelte ihr durchs Haar. „Da staunst du, Maus. Aber so hat es sich zugetragen. Die Lokalzeitung stand damals voll mit Artikeln über die Angelegenheit. Weißt du, es bestand die Gefahr von Bergrutschen und Spaltenbildung. Diese Bergehalden sind manchmal instabil. Daher ist bei fast allen das Betreten verboten. Das hat gute Gründe. Wenn einer hochkrabbelt, kann ein ganzer Hang ins Rutschen kommen und ihn unter sich begraben.

Die Leute von der Brudergemeinschaft bestanden auf Gewohnheitsrecht und weigerten sich, den Kahlenberg zu räumen. Sie wurden nämlich erst entdeckt, als sie schon acht Monate dort hausten. Die haben sich perfekt getarnt. Sie haben die Hänge mit jungen Bäumen bepflanzt, um die Halden zu stabilisieren, und alle Räumungsbefehle schlicht ignoriert.

Mit der Zeit bauten sie Steinhäuser. Heute akzeptiert man ihre Anwesenheit, doch das Land gehört ihnen nicht. Der Räumungsbefehl von damals hat noch immer Gültigkeit. Er liegt bloß gut versteckt in einer Schublade auf dem Bürgermeisteramt.

Von daher sollte der Vater deiner Freundin Miriam vorsichtiger sein, wenn er von Gesetzesbruch spricht. Wer im Glashaus sitzt, soll nicht mit Steinen werfen. Oder um es biblischer auszudrücken: Such nicht im Auge deines Bruders einen Splitter, wenn du selbst einen Balken im Auge hast!"

„Uff!", machte Kerstin. „Das wusste ich nicht."

Die CD war zu Ende. Sie sprang auf und legte eine neue ein. Auf die Couch zurückgekehrt, kuschelte sie sich an ihre Mutter: „Weißt du, das ist ein richtiges Paradies dort oben."

Ihre Mutter gab ihr einen Kuss: „Dir gefällt das wohl?"

„Ja, es ist sehr schön auf dem Kahlenberg. Es gibt keine Autos und die Wege sind sandig und weich. Man kann den ganzen Sommer über barfuß laufen, ohne Angst haben zu müssen, in Kaugummi oder Glasscherben zu treten. Und die schönen

Bauerngärten! Die müsstest du mal sehen." Sie erzählte vom naturverbundenen Selbstversorgerleben der Kahlenberger, schilderte all ihre Erlebnisse ausführlich.

Ihre Mutter umarmte sie fest: „Was ich am schönsten finde ist, dass du dich mit diesem Mädchen angefreundet hast. Sie hatte es sehr schwer als Außenseiterin. Ich bin ein bisschen stolz auf dich, Maus. Und ich bin sehr froh, dass du mir all diese Dinge offen und ehrlich erzählst.

Bring diese schüchterne Miriam ruhig mal mit auf Besuch. Es kann dem Mädchen nicht schaden, auch die andere Seite der Welt kennen zu lernen. So kommt sie mal aus den religiösen Zwängen heraus."

Sie umarmte Kerstin zärtlich: „Es tut mir leid, dass ich so wenig Zeit für dich habe, mein Mäuschen."

„Nicht so schlimm", meinte Kerstin. Dann grinste sie frech: „Und hör auf, mich dauernd Mäuschen zu nennen! Oder bin ich etwa so fett wie Frau Bodamers Katzenkater?"

Sie lachten laut los.

Später, als sie im Bett lag, dachte Kerstin gutgelaunt daran, dass ihr ein weiterer schöner Tag mit Miriam bevorstand.

„Miriam, meine beste Freundin“, flüsterte sie.

Sie nahm sich vor, das Mädchen für einen der folgenden Tage zu sich nach Hause einzuladen. Mit diesem Gedanken schlief sie ein.

Am nächsten Tag stieg Kerstin wieder in der Frühe auf den Kahlenberg. Der schmale Pfad war ihr inzwischen vertraut. Diesmal hatte sie außer ihren Badesachen und der Kühltasche noch ihre kleine Digitalkamera dabei.

Die Kamera war ein Geburtstagsgeschenk ihres Vaters. Es war keins von den Billigdingern für 50 Euro, die nur unscharfe, flaue Bilder machten, sondern ein guter Apparat für 200 Euro. Die Kamera funktionierte vollautomatisch und lieferte gestochen scharfe Aufnahmen. Am besten gefiel Kerstin der Selbstauslöser, durch den man selbst mit aufs Bild kam. Man brauchte den Fotoapparat nur auf eine feste Unterlage stellen, abdrücken, sich schnell in Positur stellen, und nach zehn Sekunden machte die Kamera das Bild.

Am Badeteich ließ Kerstin Badesachen, Kühltasche und die Turnschuhe zurück.

Bei den Gerstners wurde sie in gewohnt herzlicher Manier empfangen. Wieder half Kerstin eifrig bei der Arbeit auf dem kleinen Hof.

Mittags gab es Eintopf aus eingesäuertem Gemüse mit Hackfleisch. Letzteres wurde aus kleingeschnittenem Rindfleisch mit einem Fleischwolf hergestellt, der nach Altväter Sitte am Küchentisch festgeklemmt und mit einer Handkurbel betrieben wurde.

„Wo habt ihr das Fleisch her?", wollte Kerstin wissen, die sich mit Miriam an der Kurbel abwechselte.

„Von unseren eigenen Tieren. Hier oben auf dem Kahlenberg halten wir keine Kühe, nur Ziegen, Schweine und Geflügel, aber unsere Mitbrüder, die in der Gegend von Hülzweiler leben, haben ausgedehnte Weideflächen. Die halten Rinder. Wir von der Brudergemeinschaft tauschen unsere Produkte untereinander aus. Was übrig ist, wird verkauft. Die Menschen von draußen kaufen gerne bei uns ein, weil wir keinen künstlichen Dünger verwenden und unsere Tiere kein Mastfutter mit giftigen Medikamenten bekommen."

Miriam lächelte schief: „Sie halten uns für Spinner, aber sie kaufen gerne bei uns ein. Wer spinnt denn nun am meisten?"

Mittags aß Kerstin zum ersten Mal in ihrem Leben Eintopf aus eingesäuertem Gemüse. Es schmeckte ihr prächtig.

Frau Gerstner freute sich. „Das war unser letztes Sauergemüse vom vorigen Jahr. Sobald das neue fertig ist, bekommst du eine ordentliche Portion mit nach Hause."

Nach dem Mittagessen stiegen Kerstin und Miriam auf den Gipfel des Kahlenbergs. Rosi ging mit ihrer Mutter Nachbarn besuchen. Das war Kerstin recht. So konnte sie mit Miriam in aller Ruhe vertrauliche Gespräche führen. Sie hatte das Gefühl, als ob sie ihre neue Freundin schon seit einer Ewigkeit kenne.

Solange die Mädchen einem Pfad im Schatten der Büsche und Bäume folgten, ließ es sich gut barfuß laufen, aber als sie aus dem dichten Baumbestand herauskamen, wurde der Pfad steinig.

„Autsch!“, schrie Kerstin, als sie wieder mal auf einen spitzen Stein getreten war. Sie eierte ziemlich herum. „Ich hätte lieber meine Schuhe anziehen sollen. Ich bin das Barfußlaufen nicht gewohnt.“

„Für den Rückweg nehmen wir einen anderen Pfad“, versprach Miriam. Sie blickte Kerstin von der Seite an: „Stimmt es, dass deine Eltern geschieden sind? Das habe ich in der Schule gehört.“

„Ja“, antwortete Kerstin. „Seit vier Jahren. Ich sehe meinen Vater nur alle vierzehn Tagen am Wochenende.“ Ehe sie sich’s versah, schüttete sie Miriam ihr Herz aus. Sie erzählte ihrer Freundin, wie schrecklich sie unter der Trennung ihrer Eltern litt, erzählte davon, dass sie gemerkt hatte, wie die Frauen sich gegenseitig aufhetzten.

„Nach mir hat niemand gefragt!“, sagte Kerstin bitter. „Es hat meine Mutter nicht gejuckt, dass ich geweint habe, und Vater hat auch geweint. Sie sagte nur, sie müsse auch mal an sich denken. Warum hat sie das nicht schon früher getan? Ich fühle mich, als hätte man mir das Herz mitten entzweigerissen. Ich verstehe überhaupt nichts.

Früher hatten wir genug Geld. Jeden Sommer sind wir in Urlaub gefahren.

Heute ist mein Vater so arm, dass er sich nicht mal ein anständiges Auto leisten kann, weil er für Mutter und mich so viel bezahlen muss, und trotzdem hat Mutter nicht genug Geld für Urlaub.

Mutter war früher viel fröhlicher. Heute ist sie immer müde und motzt mich an. Nichts kann ich ihr recht machen und wenn ihre Freundinnen zu Besuch kommen, hocken sie alle zusammen wie Krähen und ziehen über meinen Vater her, als wäre der ein Verbrecher.

Besonders Marlies, die beste Freundin meiner Mutter, hetzt. Keine fragt danach, wie weh mir das tut, wenn sie meinen Vater schlecht machen!" Kerstin musste mit Gewalt die Tränen zurückhalten. „Die sagen nur, ich sei ja noch ein Kind und verstünde nichts."

Miriam blieb stehen und umarmte sie.

„Es tut mir so leid für dich, Kerstin", sprach sie leise. „Du bist gezwungen, in einer schrecklichen Welt zu leben."

„Gibt es bei euch auch Scheidungen?", fragte Kerstin.

Miriam schüttelte energisch den Kopf: „Nein, nie! Was Gott zusammengeführt hat, darf der Mensch nicht trennen. Keine Frau bei der Bruderschaft käme auf die Idee, ihren Mann zu verlassen und ihren Kindern die lebenswichtige Familie zu zerstören. Die Ehe ist ein Bund fürs Leben. So steht es in der Heiligen Schrift."

Zum ersten Mal gingen Kerstin die Bibelsprüche Miriams nicht auf den Geist.

„Ich wollte, ich wäre eine von euch", flüsterte sie.

„Ja, das wünsche ich mir auch, Kerstin."

Kerstin zog Miriam an der Hand: „Komm, hören wir auf damit, sonst muss ich weinen. Reden wir von was Anderem."

Sie stiegen weiter auf. Kerstin beruhigte sich schnell und oben auf dem Gipfel konnte sie wieder lachen.

„Mensch, Miriam! Guck dir das an!", rief sie begeistert und drehte sich im Kreis.

„Ich guck ja!", kicherte Miriam. „Deswegen bin ich mit dir heraufgekommen."

Die Luft war vollkommen klar, sodass sie eine herrliche Aussicht nach allen Seiten hatten.

„Da unten liegt Wehrden. Hey, ich kann das Haus sehen, in dem Mutti und ich wohnen. Wie winzig es ist!" Kerstin zeigte Miriam ihr Haus.

Sie holte die Kamera aus der Gürteltasche und knipste rundum mehrere Fotos.

Die große Bergehalde von Saarlouis fiel ihr auf: „Leben dort auch welche von der Brudergemeinschaft?"

Miriam nickte: „Ungefähr vierzig Leute. Die meisten haben unten im flachen Land zwischen Fraulautern und Hülzweiler ihre Höfe und züchten Rinder und betreiben Ackerbau. Aber seit etlichen Jahren bepflanzen sie die Hänge der Bergehalde, um sie zu stabilisieren und brauchbaren Mutterboden zu gewinnen. Auf der Seite der Halde, die wir von hier aus nicht sehen, haben die Brüder große Terrassen angelegt und seit letztem Jahr gibt es die ersten zwei Häuser am Berg."

Miriam lächelte schüchtern: „Die Menschen draußen nennen uns manchmal hinter vorgehaltener Hand asoziale Müllmenschen, weil wir an solchen Plätzen siedeln." Sie blickte zu Boden. „Dabei wählen wir diese Orte mit Absicht. Niemand möchte diese unwirtlichen Plätze besiedeln. Wir tun es und verwandeln die Ödnis in fruchtbare Erde. Sieh selbst!" Sie zeigte ins Kahlenberger Tal hinab. An den Hängen waren breite flache Terrassen angelegt.

Deutlich erkannte Kerstin die Häuser inmitten von Gärten, Obstwiesen und kleinen Feldern. Wie putzige Spielzeughäuser auf einem bunten Flickenteppich sah das aus.

Kerstin war fasziniert: „Ein kleines Paradies von Menschenhand erschaffen! Warum sind eigentlich die Gipfel so kahl?"

„Die werden auch noch zuwachsen", erklärte Miriam. „Hier

oben gibt es noch nicht genug Wasser im Boden. Im Sommer verdorrt alles. Doch die ersten Nadelbäume und einige Birken wachsen bereits. Wir bepflanzen alles Stück für Stück. Zuerst kommen Heidekraut und anspruchslose Büsche. In etwa zehn Jahren wird der Kahlenberg dicht bewachsen sein, sagt mein Vater."

„Und heißt dann nicht mehr Kahlenberg, sondern Dichtbewachsenenberg", rief Kerstin lachend. Sie machte zwei Aufnahmen vom Tal. „Und jetzt wir beide!" Sie stellte die Kamera auf einem Steinblock ab und schaltete den Selbstauslöser ein. Rasch flitzte sie zu Miriam und stellte sich neben sie. Es machte leise „Klick".

Eine Zeitlang betrachteten Miriam und Kerstin die Aussicht. Sie schauten zu, wie auf der Saar kleine Spielzeugschiffe vorbeifuhren. Alles sah aus dieser Höhe wie Spielzeug aus: die Eisenbahn, die Autos auf den Straßen, die Häuser, sogar das Kraftwerk Fenne bei Fürstenhausen im Süden und das Kraftwerk bei Ensdorf im Norden.

Nach einer Stunde machten sie sich an den Abstieg. Sie benutzten einen anderen Pfad. Der war nicht so steinig, dafür sehr steil. Auf halber Höhe erreichten sie eine künstlich angelegte Terrasse am Hang. Sie war mit blühendem Heidekraut bedeckt. Hier und da standen in der Heide kleine Birken und Kiefern.

Der Pfad verzweigte sich. Mehrere schmale Wege schlängelten sich durch die Heide.

„Wie schön es hier ist“, sagte Kerstin. „Habt ihr das angepflanzt?“

Miriam nickte lächelnd: „Ja, vor fünf Jahren war ich als kleines Mädchen dabei und mächtig stolz, dass ich auch Heidekraut pflanzen durfte. Wir pflanzten kleine Nester überall auf diesem Plateau und jetzt ist es ein dichter Teppich geworden.“

Nach dreißig Minuten kamen die Mädchen unten im Tal beim Badeweiher an.

Rosi erwartete sie. „Da seid ihr ja! Was habt ihr so lange auf dem kahlen Gipfel gemacht? Dort gibt’s doch nichts zu sehen!“

Miriam und Kerstin gingen nicht auf Rosis Gemecker ein. Sie zogen ihre Sachen aus. Darunter trugen sie ihre Bikinis. Nach der anstrengenden Bergsteigerei tat ein Bad im kühlen Teich gut.

Kaum lagen sie danach auf der Wiese neben dem Weiher, verlangte Rosi nach Fesselspielchen.

Miriam verdrehte die Augen: „Kannst du nicht mal Ruhe geben, Rosi?! Wenn man dir zuhört, denkt man, es gäbe sonst keine Spiele auf der Welt!“

Auch Kerstin hatte nicht im Mindesten Lust auf Spiele mit Stricken. Am ersten Tag hatte sie das Spiel noch aufregend gefunden, weil es neu für sie war, aber inzwischen war sie lieber mit Miriam zusammen und redete mit ihr.

Rosi gab keine Ruhe.

„Ist denn Agnes nicht mitgekommen?", fragte Kerstin, um sie abzulenken.

„Nein, die ist zu Esther und Judith gegangen."

„Warum hast du sie nicht begleitet?", fragte Miriam, die mit halbgeschlossenen Augen auf dem Rücken lag und die dicken weißen Wolken betrachtete, die über den tiefblauen Himmel segelten.

„Weil ich keine Lust hatte", maulte Rosi. „Ich will lieber Fesseln spielen!"

Miriam zeigte zum Himmel auf: „Schau Kerstin. Die Wolke sieht aus wie ein Tannenbaum."

Kerstin folgte mit den Augen Miriams ausgestrecktem Zeigefinger: „Tatsächlich. Und daneben steht ein Schaf mit drei Beinen."

„Da drüben schwebt ein Märchenschloss."

„Nein, das ist ein großer Hundekopf. Ein Ohr hängt runter, das andere steht hoch."

Eine Zeitlang beobachteten sie die träge dahin ziehenden Wolken.

„Spielen wir jetzt Kreuzigen?“, mischte Rosi sich ein.

Kerstin und Miriam schauten sich an. Beide hatten den gleichen Gedanken: Tun wir der elenden Nervensäge ihren Willen, damit wir endlich Ruhe vor ihr haben.

„Also gut.“ Miriam stand auf. „Wenn du bei dieser Hitze unbedingt am Kreuz schmoren möchtest.“

Rosi war sofort Feuer und Flamme: „Ja, genau wie letztes Jahr! Ich bin eine arme christliche Märtyrerin, die von bösen römischen Legionären in der Wüste gekreuzigt wird, um dort in der Hitze zu verschmachten.“

So ein Quälgeist!, dachte Kerstin ungnädig. Wer sind denn hier die wahren Märtyrerinnen? Doch wohl Miriam und ich! Es war so schön, als wir beide allein waren! Wenn Miriam mich heute Abend auf dem Rückweg begleitet, lade ich sie für morgen zu mir nach Hause ein. Dann haben wir den Nachmittag für uns beide und Rosi kann sich andere Kinder zum Nerven suchen!

Doch es kam ganz anders.

Kaum hatten Miriam und Kerstin Rosis Arme am Querbalken des T-Kreuzes festgebunden, donnerte eine Stimme über die kleine Lichtung: „Was in Gottes Namen macht ihr da?“

Erschrocken fuhren sie herum. Herr Gerstner stand vor ihnen. Seine Augen verschossen Blitze: „Was macht ihr da? Das ist Blasphemie! Ihr entweiht das heilige Leiden unseres Herrn Jesus Christus!“

Herr Gerstner lief vor Zorn rot an: „Miriam! Auf der Stelle befreit ihr deine Schwester!“

Zutiefst erschrocken befolgten Miriam und Kerstin den Befehl. Ihre Hände zitterten, als sie Rosi losbanden.

Doofe Kuh! Jetzt haben wir den Salat!, dachte Kerstin. Hätten wir bloß nicht auf die Nervensäge gehört!

Rosi stieg blass und sehr kleinlaut zu Boden.

„Wir haben doch nur gespielt, Vater“, sagte sie ängstlich. Der quengelnde Unterton war völlig aus ihrer Stimme verschwunden. „Wir haben nichts Schlimmes getan.“

„Blasphemie sage ich!“, bellte ihr Vater. Er loderte vor Zorn. „Ihr habt gesündigt! Ihr habt unseren Herrn zum Gespött gemacht!“

Kerstin schlug das Herz bis zum Hals. Sie fürchtete sich vor dem tobenden Mann. Schutzsuchend griff sie nach Miriams Hand. Sie war zutiefst erschüttert.

Was haben wir denn Schlimmes getan?, fragte sie sich in Gedanken. Wir haben doch nur mit Stricken rumgespielt. Wieso regt der sich so auf?

Herr Gerstner nahm Kerstin aufs Korn: „Du warst das, Hexe von draußen!“

Kerstin wich vor dem brüllenden Mann zurück.

„Du hast meine Kinder zu dieser abscheulichen Blasphemie angestiftet, verderbte Sünderin!“

Kerstin wich weiter zurück. Noch nie im Leben hatte sie eine solche Angst vor einem Menschen gehabt. Herr Gerstner war wie verwandelt. Wo waren seine Güte und sein freundliches Lächeln?

Der Mann rollte die aufgerissenen Augen wie ein tollwütiger Hund.

„Hexe!“, giftete er. „Sünderin! Dienerin der Hure Babylon! Bringerin der Verderbtheit und der Schande!“ Er holte zum Schlag aus.

Kerstin machte einen weiteren Schritt nach hinten. Sie stieß mit dem Rücken gegen das Kreuz. Ihr Kopf flog nach hinten und sie erhielt einen betäubenden Schlag von dem Holzbalken. Sie konnte nicht weiter zurückweichen.

Herr Gerstner kam auf sie zu, das Gesicht wutverzerrt, die Hand zum Schlag erhoben.

Es war eine Situation, in der Kerstin nicht vor und nicht zurück konnte und so wuchs sie weit über sich hinaus, wurde von einem Moment zum anderen ein Riesenstück erwachsener.

Statt sich ängstlich zu ducken, machte sie einen Schritt auf den wutschäumenden Mann zu.

„Wagen Sie es ja nicht, mich zu schlagen!", schrie sie.

Herr Gerstner hielt verblüfft inne. Er schaute drein wie ein zorniger Bulle, dem jemand einen Stock über die Nase gezogen hatte.

Zorn brandete in Kerstin hoch und gab ihr die Kraft, die sie brauchte.

„Wenn Sie mich schlagen, zeigt meine Mutter Sie an!", schrie sie.

Woher nehme ich nur den Mut, das zu tun?, fragte sie sich erstaunt. Aber sie war wild entschlossen, nicht klein beizugeben. Wenn der Kerl sie schlug, würde sie ihn beißen!

„Sie sind mir ein schöner Christ!", tobte Kerstin. „Reden salbungsvoll von göttlicher Liebe und schlagen drauf wie ein Teufel!" Jetzt kam ihr zugute, dass sie im letzten halben Jahr in Reli gut aufgepasst hatte, um ihre Note hochzubringen.

„Ich dachte, ihr von der Brudergemeinschaft kennt die Evangelien so gut! Jesus hat gesagt: Was ihr dem Kleinsten unter euch antut, das tut ihr mir an.

Wollen Sie etwa Jesus Christus zusammenschlagen?"

Miriams Vater zuckte zusammen wie unter einem Peitschenhieb. Er wich zurück. Kerstin folgte ihm keifend wie ein wütender

Terrier.

„Gestern beim Mittagessen haben Sie von den Gesetzen unseres Landes gesprochen“, zeterte sie. „Wenn Sie diese Gesetze so gut kennen, müssten Sie wissen, dass es verboten ist, Kinder zu schlagen! Sie … Sie Gesetzesbrecher!“

Kerstin kam richtig in Fahrt. Irgendwo tief in ihrem Innersten fiel ihr ein, dass sie wie ihre Mutter war. Die war genauso. Ewig lieb und nett, aber wenn nichts mehr ging, war sie kämpferisch und gab keinen Zentimeter nach.

„Unterstehen Sie sich, mich anzurühren!“, brüllte Kerstin. Jetzt waren es ihre Augen, die Blitze verschossen und Herr Gerstner wich vor ihr zurück wie vor einer giftigen Schlange. „Sie reden von Sünde und wollen ein Kind schlagen! Bei uns draußen schlägt man nicht mal einen Hund!“

Miriams Vater war bleich geworden.

„Du hast die Sünde und die Verderbnis über diesen Ort gebracht!“, zischte er wütend.

„Sonst geht's Ihnen gut!“, rief Kerstin hitzig. „Wissen Sie was? Ich glaube, Sie haben einen an der Waffel!“

Herr Gerstner holte erneut aus.

Kerstin zuckte mit keiner Wimper.

Mitten in der Bewegung hielt der Mann inne.

„Verlass auf der Stelle mein Land!“, donnerte er.

Das war zuviel.

Kerstin stemmte die Fäuste in die Hüften und reckte trotzig ihr Kinn vor: „IHR Land?“ Sie stampfte mit dem Fuß auf. „Das hier ist NICHT Ihr Land! Der Kahlenberg gehört der Stadt Völklingen. Sie haben sich das Land vor vielen Jahren widerrechtlich angeeignet! Meine Mutter hat es mir gesagt. Ihr habt hier oben wild gesiedelt und missachtet seitdem jeden Räumungsbefehl der Behörden!

Sie und Ihre Kumpane sind Gesetzesbrecher, und eins sag ich Ihnen: Rühren Sie mich an und ich renne auf der Stelle ins nächste Polizeirevier. In zwei Stunden habt ihr die gesamte Polizei von Saarbrücken, Völklingen und Saarlouis am Hals und fliegt achtkantig hier raus!“

Das hatte gesessen. Herr Gerstner ließ die Hand sinken.

Kerstin beruhigte sich ein wenig. Sie holte ihre Kleider und zog sich hastig an. Aber sie war nicht bereit, klein beizugeben.

„Ich kann auf dem Kahlenberg herumspazieren, solange es mir gefällt!“, sagte sie herausfordernd. „Ob es Ihnen passt oder nicht! Sie können nicht das Geringste dagegen tun. Sie müssten mich schon totschlagen.“

Wieder zuckte der Mann zusammen.

„Das traue ich Ihnen ohne Weiteres zu. Jetzt habe ich Sie mal richtig kennen gelernt!“ Kerstin schlüpfte in ihre Turnschuhe. „Sie sind ein wirklich toller Christ! Selbst die heidnischen alten Römer achteten die Gesetze und gaben Beschuldigten die Möglichkeit, sich zu verteidigen. Sie nicht! Sie haben mich einfach verurteilt und sind auf mich losgegangen.“

Mutti wäre stolz auf mich, dachte sie. Sie würde sagen, ich benehme mich sehr erwachsen.

Kerstin zeigte auf das T-Kreuz: „Woher wollen Sie wissen, dass ich das angestiftet habe?“ Kerstin warf den Kopf in den Nacken: „Das blöde Ding stand schon da, als ich vorgestern zum ersten Mal auf den Kahlenberg kam.“

Sie schnallte sich den Rucksack mit den Badesachen um und griff die Kühltasche. Die war noch voll. Sie waren nicht einmal dazu gekommen, Limo zu trinken und von der Schokolade zu naschen.

Kerstin warf Miriam und Rosi einen Blick zu. Die beiden standen bleich und verängstigt hinter ihrem Vater, für Kerstin unerreichbar. Das machte sie erneut wütend.

„Wahrlich, ein schöner Christ sind Sie mir!“, sagte sie angriffslustig. „Sie predigen salbungsvoll Nächstenliebe und verteilen Prügel. Ich war das da nicht!“ Sie zeigte auf das Kreuz. „Und ich finde partout nichts Gotteslästerliches an unserem Spiel. Wir haben christliche Märtyrer und Römer gespielt, so wie andernorts Kinder Cowboy und Indianer spielen. Wenn das etwas Böses war, hätten Sie es uns sagen können, anstatt gleich herumzuschreien und wie ein wütender Stier auf mich loszugehen."

Herr Gerstner stand stumm und regungslos da.

Kerstin setzte noch einen drauf: „Ich verstehe Sie nicht, Herr Gerstner. Erst tun Sie so nett und freundlich und dann wollen Sie über mich herfallen. Ich weiß nicht einmal, was ich eigentlich verbrochen habe." Ein Satz, den ihre Mutter am Vorabend ausgesprochen hatte, fiel ihr ein: „Ich glaube, Sie biegen sich die Bibel so zurück, wie Sie sie brauchen. Mit Christsein hat das nichts zu tun. Sie beschweren sich über Gesetzesbrüche und brechen die Gesetze selbst!"

Abermals zuckte der Mann zusammen.

„Ich gehe jetzt", verkündete Kerstin. „Aber nicht, weil Sie es mir befehlen, sondern weil ich selber es will. Ich gehe freiwillig nach draußen. Dort schreit mich niemand grundlos an und niemand will über mich herfallen und mich erschlagen."

Noch einmal funkelte sie Herrn Gerstner an: „Weil da draußen Menschen wohnen und keine CHRISTEN!" Sie spuckte das Wort förmlich aus und stellte mit Genugtuung fest, dass Miriams Vater erneut bleich wurde.

Kerstin hatte gewonnen. Hocherhobenen Kopfes rauschte sie davon.

Sie beeilte sich, das Tal hinter sich zu lassen. Nur fort von hier! Sie wollte nur noch nach Hause.

„Blödian!“, brummte sie vor sich hin. „Tobt los wie der Mann im Kalkofen. So ein Dummkopf! Ich hätte ja noch verstanden, wenn er gesagt hätte, Fesseln sei gefährlich, weil das Blut abgestellt wird.“

Kerstin schüttelte den Kopf: „Aber Blasphemie?“ Sie wusste nicht genau, was das Wort bedeutete. Es musste etwas sehr Schlimmes und Schmutziges sein, eine Art supergemeine Gotteslästerung.

„So ein Depp!“, grantelte sie. „Das hätte er uns doch erklären können, anstatt auszuflippen. Na, dem hab ich’s aber gesagt! Der hebt nicht noch mal die Hand gegen mich. Dieser … dieser ...“ Das Wort, das mit „A“ beginnt und mit „loch“ endet, wollte sie nicht laut aussprechen, nicht einmal hier auf dem Pfad, wo sie ganz allein war.

Sie erreichte die Kuppe und lief bergab.

„Dieser … dieser … After! Ja, genau! Das ist er! Ein After! Ein scheinheiliger super-mega-unchristlicher After!“ Sie musste lachen. Wie dämlich der After aus der Wäsche geguckt hatte, als sie ihm aufs Brot geschmiert hatte, dass er nicht das geringste

Recht dazu hatte, sie vom Kahlenberg zu weisen.

Was wird mit Miriam?, fragte sie sich.

Plötzlich wich die Wut schlagartig von ihr, wie die Luft aus einem Luftballon.

„Miriam!“

Traurigkeit überspülte Kerstin wie eine riesige Welle.

„Es war so schön, und jetzt ist alles kaputt!“ Kerstin war wieder zu einem Kind geworden.

„Gerade wo ich mich so freute, Miriam zur Freundin zu haben!“

Es war zuviel. Sie hielt es nicht länger aus. Ein jammernder Laut brach aus Kerstins Kehle.

Sie hockte sich mitten auf dem Pfad auf den Boden, legte die Arme auf die Knie und begann, bitterlich zu schluchzen.

Miriam und ihre Schwester Rosi wurden von ihrem Vater hart bestraft. Zu Hause setzte es eine Tracht Prügel, und dann folgte stundenlanges Beten. Die Mädchen mussten, auf dem harten Boden kniend, den Herrn um Vergebung ihrer Sünden bitten.

Gewohnt zu tun, was man ihnen auftrug, widersetzten sich die Schwestern nicht. Doch Miriam verstand die ganze Aufregung nicht. Sie war noch ein Kind, aber sie war vernünftig genug, um zu wissen, dass sie nichts Böses getan hatte.

Das sagte sie auch ihrem Vater, weil sie wissen wollte, was sie eigentlich verbrochen hatten. Die Antwort war ein Schlag in ihr Gesicht.

Irgendetwas war dabei im Innern von Miriam zerbrochen.

Sie schwieg von da an, redete tagelang mit niemandem, gab auch keine Antwort, wenn man sie etwas fragte.

Ihr Vater war darüber so wütend, dass er Miriam wieder schlagen wollte.

Seine Frau stellte sich zwischen ihn und das Mädchen.

„Untersteh dich, noch ein einziges Mal die Hand gegen dein eigen Fleisch und Blut zu erheben!“, sagte sie mit fester Stimme. Weiter tat sie nichts. Sie stand einfach nur da und versperrte ihrem Mann den Weg.

Manfred Gerstner gab auf. Wortlos drehte er sich um und verließ das Haus.

Miriam atmete innerlich auf. Sie war so unglaublich dankbar, dass ihre Mutter sich endlich für sie einsetzte. In der vergangenen Woche hatte sie tatenlos zugesehen, wie ihr Ehegatte sich ständig neue Strafen für Rosi und Miriam ausdachte.

Als ihr Vater abends vorm Haus auf der Bank saß, fasste Miriam sich ein Herz und beichtete den tatsächlichen Hergang der ganzen Sache.

„Das mit dem Kreuz war nicht Kerstin Dengels Idee. Wir Kahlenberger Kinder haben es schon im vorigen Sommer aufgestellt."

„Wie?" Ihr Vater schaute ungläubig drein.

Miriam nickte: „Ja. Zuerst wollten wir Indianer und Marterpfahl spielen, weil Rosi die Winnetou-Bücher von Karl May gelesen hatte, doch dann kamen wir auf das T-Kreuz, weil Agnes und ich so eins auf einem Bild im Dom von Speyer gesehen hatten, auf der Klassenfahrt im Juni.

Wir haben es nachgebaut und spielten, dass wir christliche Märtyrer seien, die von römischen Legionären gefangen genommen und gekreuzigt wurden." Miriam blickte ihren Vater flehentlich an: „Es war nur ein Spiel, nichts weiter! Wir wollten das Leiden unseres Herrn nicht verspotten."

Als ihr Vater sie schweigend musterte, fasste Miriam Mut: „Du hast Kerstin furchtbar unrecht getan. Sie ist unschuldig. Wir Kahlenberger Kinder waren es, die sie überredeten, bei den Fesselspielen mitzumachen. Wenn du ein guter Christ bist, musst du sie um Verzeihung bitten."

Manfred Gerstners Gesicht verhärtete sich. „Ich werde nichts dergleichen tun!", blaffte er.

Miriam zuckte zusammen wie unter einem Peitschenhieb.

Ihr Vater grollte los: „Die Leute von draußen bringen nur Ärger! Du kennst sie nicht so, wie ich sie kenne! Ich erlebe sie, wenn ich zwei- bis dreimal im Jahr für einige Wochen draußen arbeite, um Geld zu verdienen. Es sind verruchte, gottlose Menschen. Sünder! Diener des Satans!"

„Bestimmt sind nicht alle Menschen draußen schlecht", wendete Miriam ein. „Und unser Herr Jesus lehrt uns doch in den Evangelien, dass wir gerade die schlechten Menschen nicht verachten sollen und den Sündern sollen wir vergeben. Und Kerstin ist ja keine Sünderin. Sie ist völlig ohne Schuld."

„Schweig!", donnerte ihr Vater. „Was weißt du schon, du Rotznase! Du kennst die verderbte Welt da draußen überhaupt nicht! Was weißt du denn von den schrecklichen Sünden, die dort tagein, tagaus geschehen?"

„Und was bitteschön hat das mit der unschuldigen Kerstin Dengel zu tun?“, fragte Miriam.

„Weil sie die Sünde ins Tal auf dem Kahlenberg brachte!“, schrie ihr Vater.

Miriam schwoll der Kamm. „Welche Sünde denn?“, rief sie. Kinder sollten ihren Eltern gehorchen, so lehrte es der Glauben der Brudergemeinschaft, doch für Miriam stand felsenfest, dass das nicht bedeuten konnte, ein Unrecht auf Befehl gutzuheißen. Noch nie hatte sie in solchem Tonfall mit ihrem Vater gesprochen, aber sie musste das loswerden: „Wenn einer eine Sünde begangen hat, dann du, Vater! Du hast ein unschuldiges Kind schlimmer Dinge bezichtigt, die es nicht getan hat! Du hast Kerstin angeschrien und du wolltest sie schlagen. Das ist eine Sünde!“

Ihr Vater sprang auf. Er bebte vor Zorn.

„Jetzt reicht es mir!“, zischte er und holte aus. „Das höre ich mir nicht länger aus deinem Mund an!“

„Dann stopf dir was in die Ohren, Manfred Gerstner!“ Miriams Mutter kam aus dem Haus. Auch sie war wütend. Miriam hatte sie noch nie so aufgebracht erlebt. Ihre Mutter war eine gütige, warmherzige Frau mit viel Sinn für Humor, die bei allen Menschen beliebt war.

Jetzt stand sie vor ihrem Mann wie eine rächende Furie.

Obwohl fast zwei Köpfe größer, wich Manfred Gerstner vor seiner Frau zurück: „Ich sehe, die böse Saat geht bereits auf! Die Sünde, die jenes Kind auf den Kahlenberg brachte, trägt reichlich Frucht! In der Bibel steht geschrieben ..."

„Ich weiß, was in der Bibel geschrieben steht!", rief Miriams Mutter. Sie nahm Miriam schützend in die Arme. „Vielleicht solltest du die Heilige Schrift nicht nur lesen, sondern versuchen, sie zu verstehen. Unser Herr Jesus Christus verlangt NächstenLIEBE von uns und nicht NächstenHIEBE! Wenn du noch einmal die Hand gegen Miriam hebst, kannst du in Zukunft im Schuppen schlafen!"

Manfred Gerstner glaube, sich verhört zu haben. „Das Weib sei dem Manne untertan! So steht es in der Schrift!", schimpfte er.

Seine Frau blieb völlig unbeeindruckt: „Dem Mann ja, doch nicht einem Tyrannen. Einem tollen Hirten folgt keine Herde!"

Dabei blieb es. Miriams Vater hielt den Mund. Er spürte, dass er verloren hatte.

Miriam war auf einen Schlag sehr viel erwachsener geworden, ähnlich wie Kerstin ein paar Tage vorher.

Sie erkannte, dass ihr Vater, den sie immer bewundert hatte, tief in seinem Innersten ein ignoranter, engstirniger Feigling war, und diese Erkenntnis tat sehr weh.

Tags darauf ging sie nach dem Mittagessen allein zum Badeteich.

Was war nur aus ihrer kleinen, heilen Welt geworden? Sie hatte stets das große Wissen und die Glaubensstärke ihres Vaters bewundert, hatte ihn für einen guten und gerechten Christen gehalten. Dieses Bild war zerbrochen wie ein Spiegel, in den jemand mit Wucht einen Stein geschleudert hatte. Auch das Bild ihrer Mutter hatte sich verändert. Zum ersten Mal hatte sie Stärke bewiesen und ihrem zornigen Ehemann die Stirn geboten.

Aber der Familiensegen hing schief. Wo war die Fröhlichkeit hingegangen? Auch Rosi schlich bleich und verängstigt herum. Früher war ihre Schnute nicht eine Minute stillgestanden und ihr helles perlendes Lachen hatte das Gerstnerhaus mit Leben erfüllt.

Die beiden kleinen Zwillinge verstanden nicht, was vorgefallen war, und zogen sich in sich selbst zurück.

Hatte Kerstin Dengel wirklich Unfrieden auf den Kahlenberg gebracht?

„Nein!“, flüsterte Miriam. Sie starrte auf die blinkende Oberfläche des Badeteiches. „Kerstin ist ein guter Mensch und durch und durch ehrlich.“

Gedankenverloren bohrte Miriam ihre nackten Zehen in den weichen Sand am Ufer des Teichs. Sie musste an Kerstin denken, dachte beinahe pausenlos an sie. Es tat furchtbar weh.

Der Aufstieg auf den Gipfel … wie Kerstin auf dem steinigen Pfad herumeierte und dauernd „Autsch!“ rief, weil sie nicht gewohnt war, barfuß zu gehen. Aber sie hatte es genossen, es hatte ihr gut getan.

Oben auf dem Gipfel … die wundervolle Aussicht … der laue Sommerwind, der ihnen die Haare zerzaust hatte … die Fotoaufnahmen mit Selbstauslöser ...

Miriams Herz krampfte sich zusammen.

„Ich war so glücklich, Kerstin als Freundin zu haben.“ Endlich eine gute Freundin. Endlich in der Schule keine Außenseiterin mehr sein, die von allen gemieden wurde, wie eine Aussätzige.

Miriam hatte nie mit ihren Eltern darüber gesprochen, wie sehr sie darunter litt, in der Schule eine Außenseiterin zu sein. Sie wollte nicht, dass sie sich Sorgen um sie machten. All die Jahre ihrer Schulzeit hatte sie gelitten und all das Leid in gottesfürchtiger Ergebenheit hingenommen, doch sie hatte sich aus tiefster Seele gewünscht, dazugehören zu dürfen.

Und jetzt?

„Alles aus!“, wisperte Miriam unglücklich. „Nach den Ferien bin ich wieder eine von den Spinnern. Die bekloppte Sektentussi.“

Schlimmer noch! Vielleicht würde Kerstin allen in der Klasse erzählen, was sich auf dem Kahlenberg zugetragen hatte. Miriam konnte es ihr nicht verdenken, so wie ihr Vater Kerstin behandelt hatte. Das bedeutete, dass die ganze Klasse ihr mit offener Feindschaft begegnen würde. Das würde noch schlimmer sein, als ignoriert zu werden. Jeder Schultag würde zu einem neuen Spießrutenlauf werden.

„Das alles würde ich leichten Herzens ertragen, wenn nur Kerstin wieder meine Freundin würde!" Miriam stöhnte gequält. Das Herz tat ihr so weh, dass sie glaubte, es müsse jeden Moment entzweireißen. Tränen schossen ihr in die Augen.

„Ich muss mit jemandem reden", schluchzte das Mädchen. „Ich halte das nicht länger aus! Ich werde verrückt!"

Aber mit wem?

Bruder Markus!

„Ja!" Miriam machte sich auf den Weg. Der Älteste würde einen Rat wissen. Nie hatte sie eine böse Bemerkung aus dem Munde von Bruder Markus gehört. Er war die Güte in Person.

„Es muss alles wieder gut werden", murmelte Miriam. „So wie es ist, kann es nicht weitergehen. Der Frieden soll zurückkommen."

Markus Scherer wohnte mit seiner Frau in einem Haus, wo die schmale Straße aus dem Tal hinausführte.

Der Älteste hieß Miriam willkommen. Er freute sich immer über Besuch. Die Freude verging ihm schnell, als das Gerstnermädchen ihm die Geschehnisse schilderte, die sich beim Badeteich zugetragen hatten.

Miriam berichtete in allen Einzelheiten.

Markus Scherer schüttelte immer wieder den Kopf. Wie konnte sich Bruder Manfred nur so aufführen? Ja, er war stets ein Eiferer im Glauben, aber was das Kind erzählte, machte Markus große Sorgen.

Miriam erzählte auch von den Strafen, die ihr und Rosi auferlegt worden waren, und von den Schlägen.

„Ist das wahres Christentum?", fragte das Mädchen verbittert. „Kein Tier dieser Welt schlägt sein Junges, aber Menschen, die sich Christen nennen, tun es. Wie kann das Liebe sein? Rosi und ich bekamen nicht einmal die Chance, uns zu verteidigen, genau wie Kerstin.

Bruder Markus, erinnerst du dich, wie Vater am Mittagstisch von Gesetzesbruch sprach, als es um die Säuglingstaufe ging?" Der Älteste nickte.

„Wie kann er über Gesetzesbruch schimpfen, wenn er selbst die Gesetze bricht?", sagte Miriam. „In diesem Land ist es nämlich gesetzlich verboten, Kinder zu schlagen. Und ..." Miriam holte tief Luft: „Es ist verboten, auf dem Kahlenberg zu wohnen." Sie wiederholte Kerstins Worte. „Ich zweifle nicht im Mindesten an dem, was Kerstin sagte“, schloss sie.

Markus Scherer war bedrückt.

Was für ein Kind!, dachte er. Noch keine zwölf Jahre alt und schon erwachsener als ihr eigener Vater. Dieser dumme Mensch! Mit seiner bigotten Selbstgefälligkeit bringt er die Seelen seiner Kinder in Gefahr.

Es genügt nicht, an Gott zu glauben. Man muss diesen Glauben auch leben.

Nein! Das darf so nicht weitergehen. Es muss etwas geschehen.

Es war Zeit, Bruder Manfred den sturen Kopf zurechtzurücken. Er musste aufhören, Frömmelei mit Gottesfurcht zu verwechseln.

Der Älteste wandte sich dem Mädchen zu: „Sag Miriam, liebst du deinen Vater?“

Miriam begann zu weinen: „J-Ja! E-Er ist doch mein Vater!“

„Ich werde mit ihm reden“, versprach der Älteste. „Er wird seine Fehler einsehen. Er ist wie wir alle ein Kind, ein Kind Gottes. Und wie ein kleines Kind versteckt er sich nun hinter seinem Trotz und weigert sich, zuzugeben, dass er falsch gehandelt hat.

Ich werde mit Bruder Anton zu deinem Vater gehen und ihm ins Gewissen reden.“

Miriam trocknete ihre Tränen.

„Kein Wunder, wenn uns die Leute draußen für Spinner halten", sagte sie und grinste schief.

Bruder Markus lächelte freundlich: „Die halten alle Menschen für Spinner, die nicht genauso sind wie sie selbst. Ich erzähl dir mal was: In Klarenthal gibt es Leute, die haben einen Verein gegründet, um am Wochenende zu leben wie die alten Kelten."

„Davon habe ich in der Schule gehört", sagte Miriam. „Die tragen Felle am Leib und Füßlinge aus Rohleder und sie laufen mit Pfeil und Bogen rum und hausen Samstag und Sonntag in einem nachgebauten Langhaus. Sie benutzen keinen Strom. Sie beleuchten das Haus mit Fackeln und selbstgedrehten Talgkerzen."

„Ja, mein Kind. Sie versuchen, eine alte Kultur nachzuleben. Aus Interesse an der Historie und um die Natur zu erleben."

„Die machen Wettkämpfe im Werfen von Bronzebeilen und Bogenschießen!" Miriam lachte fröhlich. „Die meisten Leute halten sie für Spinner."

Plötzlich fiel ihr die Kinnlade herunter: „Ääh ..."

Bruder Markus lächelte vergnügt. „Genau das tun sie. Aber weißt du was? Wenn der Keltenverein jeden Sommer ein Fest gibt, kommen von überall her die Menschen herbei, um es mitzuerleben und es gefällt ihnen.

Der Ältestenrat hat sich überlegt, ab nächsten Sommer ein ähnliches Fest auf dem Kahlenberg zu geben."

Miriam bekam kugelrunde Augen: „Ehrlich?"

„Jawohl. Die Menschen draußen kaufen sowieso gern an unseren Ständen ein, wenn wir unsere Produkte auf den Wochenmärkten anbieten.

Wir geben ein großes Fest und präsentieren all unsere Erzeugnisse. Die Kinder könnten zusammen Lieder singen oder eine biblische Handlung vorspielen.

Demnächst werden wir Ältesten es der gesamten Gemeinde vortragen. Sicher hat der eine oder andere noch gute Ideen in petto."

Miriam staunte nicht schlecht: „Ich dachte immer, wir sollten uns von den Weltlichen fernhalten?"

„Stimmt", gab Bruder Markus zu. „Doch nichts währt ewig. Alles verändert sich. Wer stur am Alten festhält, fährt sich irgendwann fest und kommt nicht weiter."

„Kerstin hat mir erzählt, dass es Elektrizität gibt, die mit großen Windpropellern erzeugt wird, völlig sauber."

„Das wissen wir, Miriam. Auch darüber spricht der Ältestenrat seit einigen Wochen. Der Kahlenberg wäre bestens geeignet für solche Windgeneratoren. Auf den Gipfeln weht immer der Wind."

„Soll das heißen, dass wir Strom auf dem Kahlenberg bekommen?“

„Ja, meine Tochter. Wir werden es testen. Wenn es sich bewährt und der Erde nicht schadet, warum sollten wir es meiden? Die Elektrizität als solche ist kein Teufelswerk. Nur die Art, wie sie hergestellt wird, ist schmutzig und im Falle von Atomkraftwerken tatsächlich teuflisch, weil keiner diese Technik im Griff hat und die verbleibenden Abfälle Jahrtausende lang weiterstrahlen und die Welt verseuchen.“

Markus Scherer atmete tief durch: „In Zukunft soll niemand mehr seine Kinder schlagen. Kinder sind Geschöpfe Gottes. Es gibt andere Methoden der Erziehung. Erziehen bedeutet in erster Linie, ein rechtes Leben vorzuleben.

Und was das illegale Bewohnen der Bergehalden im saarländischen Kohlerevier angeht … nun … es ist eigentlich erlaubt.“

Er bemerkte Miriams grenzenlose Konfusion und lachte vergnügt. „Die Behörden mussten das verbieten, um sich zu schützen, aber in Wirklichkeit sind sie froh, dass wir die Halden bepflanzen. Das stabilisiert und entgiftet sie. Die Pflanzen sammeln Regenwasser, das sonst außen ablaufen würde. Eine mit Pflanzen bedeckte Halde brennt nicht.

Andernorts sind Halden in Brand geraten. Unter all dem tauben Gestein aus den Kohlengruben befand sich noch soviel Kohle, dass diese Halden innerlich zu glimmen begannen.

Man sieht uns inzwischen recht gerne auf den Bergehalden wohnen. Es darf nur nicht öffentlich zugegeben werden."

Der Älteste seufzte. „Hätte dein Vater allerdings vollends die Beherrschung verloren und deine Freundin geschlagen, hätte es übel für uns alle ausgesehen.

Ich bin mir aber sicher, dass er seinen Fehler einsehen und sich entschuldigen wird. Vertrau mir, Miriam."

Das war vor einer Woche gewesen und tatsächlich war einen Tag nach Miriams Gespräch mit dem Ältesten ihr Vater zu ihr und Rosi gekommen und hatte seine Töchter um Verzeihung gebeten. Er wollte auch Kerstin Dengel um Entschuldigung bitten.

Miriam ging frohen Herzens nach Wehrden, um Kerstin um einen Besuch auf dem Kahlenberg zu bitten.

Doch Kerstin war nicht da.

Auch auf mehrmaliges Klingeln öffnete niemand.

„Dengels sind nicht da."

Erschrocken fuhr Miriam herum. Eine dicke Frau in viel zu

engen Jeans und einem verwaschenen rosa T-Shirt stand vor ihr. „Frau Dengel ist mit Kerstin in Urlaub gefahren. Sie sagte, Kerstin muss für einige Tage hier raus. Sie sind zum Chiemsee gefahren und kommen erst zum Ferienende zurück."

Miriam senkte mutlos den Blick. Es war ihr nicht leicht gefallen, herzukommen, und nun das. Sie würde Kerstin also erst in der Schule treffen.

Die fette Frau musterte Miriam eindringlich: „Sag mal, wie bist du denn angezogen? Hast du keine Schuhe? Bist du etwa eine von dieser überchristlichen Sekte, die auf dem Kahlenberg haust?"

Miriam schaute erstaunt auf.

„Ja", antwortete sie. Ihr war unbehaglich zumute. Ihr gefiel nicht, wie diese Frau sie anstarrte.

„Dann kannst du gleich wieder abziehen!", schnarrte die Dicke ungnädig. „Du hast wirklich Nerven, hier aufzukreuzen, nachdem, was da oben vorgefallen ist!" Die Frau walzte auf Miriam zu. Einen Schritt vor dem Mädchen blieb sie stehen und stemmte die Fäuste in die wabbelnden Hüften: „Alle hier wussten, dass auf dem Kahlenberg Spinner hausen, die sich für Heilige halten und mit uns Normalsterblichen nichts zu tun haben wollen. Aber jetzt ist es raus, dass ihr gewalttätige Irre seid!"

„Was?", wisperte Miriam entsetzt. Sie glaubte, sich verhört zu haben.

„Tu doch nicht so scheinheilig!“, keifte die Frau. „Die arme Kerstin wäre um ein Haar erschlagen worden. Sie entkam nur mit knapper Not, und du bist eine von denen! Hau bloß ab!“

Miriam wollte etwas zu ihrer Verteidigung entgegnen, da bemerkte sie, dass drei weitere Frauen auf der Straße auf die tobende Dicke aufmerksam geworden waren. Eiligen Schrittes kamen sie angedampft.

Miriam beschloss, lieber den Rückzug anzutreten.

„Lass dich bloß nicht mehr hier blicken!“, blökte die dicke Frau ihr hinterher. „Hier wohnen anständige Leute. Wir wollen mit Irren und Totschlägern nichts zu tun haben!“

Miriam kehrte auf den Kahlenberg zurück. Ihr Gesicht brannte vor Scham.

So war das also. Die Leute im Draußen hielten die Menschen der Brudergemeinschaft für durchgedrehte Schläger.

„Vater, was hast du uns angetan?“, flüsterte das Mädchen.

Seit diesem Erlebnis fürchtete sie den ersten Schultag.

Diesmal würde man sie nicht nur ausschließen. Nein! Diesmal würden die anderen Kinder in der Klasse ihr mit offener Feindschaft begegnen. Da war Miriam sich sicher. Sie fürchtete sich und ihr Herz war wund vor Schmerz, wenn sie an Kerstin dachte. Eine wunderbare Freundschaft war zerstört worden, ehe sie richtig begonnen hatte.

Am ersten Schultag nach den Ferien ging Miriam so spät wie möglich los. Unterwegs machte sie absichtlich kleine Schritte, um den Moment hinauszuzögern, in dem sie das Klassenzimmer betreten musste.

Kerstin hatte sicher schon allen erzählt, was sich auf dem Kahlenberg zugetragen hatte.

Mehr noch! Leute wie die keifende Dicke im rosa T-Shirt hatten bestimmt alles in Wehrden herum getratscht und dabei schamlos übertrieben.

Es hätte so schön werden können mit Kerstin als Freundin. Miriam wurde das Herz schwerer und schwerer.

Ich werde alle in meiner Klasse zum Feind haben, dachte sie mutlos. Sie werden mich behandeln, wie eine Aussätzige.

Sie blickte zum Himmel auf. Könntest DU mir nicht helfen, bitte? Ich weiß nicht, was ich tun soll. Bitte, bitte lass mich wenigstens die Möglichkeit finden, mit Kerstin zu reden. Wenn sie mir nur zuhört! Ich kann ihr alles erklären. Bitte, bitte, lieber Vater im Himmel, lass sie mich nicht hassen! Das würde mir das Herz brechen. Ich mag Kerstin doch so sehr!

Miriam musste mit Gewalt die Tränen unterdrücken. Es tat wahnsinnig weh.

Schließlich kam sie bei der Schule an. Die Schüler waren alle schon ins Gebäude gegangen, bis auf einige aus den höheren

Klassen, die quatschend in der Raucherecke standen.

Mutlos schleppte Miriam sich die Treppenstufen hoch in den ersten Stock, wo ihr neues Klassenzimmer lag. Lautes Lachen und Schreien quoll ihr aus der Türöffnung entgegen. Niemand nahm Notiz von ihrem Eintreten.

Ein schneller Blick in die Runde: Kerstin Dengel war nicht da.

Verwirrt schlich Miriam durch die Bankreihen und steuerte die letzte Bank in der Fensterreihe an. All die Jahre seit der ersten Klasse hatte sie dort gesessen, immer allein. Heute war Miriam froh, dass keiner sie beachtete, als sie sich setzte.

Vielleicht ist Kerstin krank, überlegte sie und fühlte Erleichterung. So blieb ihr erspart, vor der ganzen Klasse mit Kerstin zu sprechen. Ich kann Kerstin nach der Schule besuchen und ihr alles erklären, vorausgesetzt, Frau Dengel lässt mich überhaupt in die Wohnung.

Nach allem, was die keifende Dickmadam von sich gegeben hatte, sah es übel aus. Aber versuchen musste sie es. Miriam seufzte innerlich.

Plötzlich schrak sie zusammen.

Kerstin Dengel stand in der Tür.

„Kerstin! Hi! Wie war's in den Ferien?", rief jemand.

Miriam senkte den Kopf.

Zwei schmutzige weiße Turnschuhe erschienen in ihrem Blickfeld. Sie kannte sie gut. Auf der Spitze des linken klebte ein kleines rotes Herzchen, dessen Farbe allmählich ausbleichte. Miriam stockte der Atem.

„Darf ich mich neben dich setzen?“, fragte Kerstin schüchtern.

Miriam sah auf und nickte stumm. Vor Staunen und Freude brachte sie kein Wort heraus.

Kerstin schmiss ihre Schultasche neben der Bank auf den Boden und setzte sich.

Für einen Augenblick erstarben alle Gespräche in der Klasse. Es war, als hielten alle gleichzeitig die Luft an. Kerstin blickte fröhlich grinsend in die Runde: „Tach, Leute!“ Das laute Stimmengewirr setzte wieder ein.

Miriam fasste sich ein Herz und schaute Kerstin an: „Bist du mir noch böse?“

„Böse? Wieso?“, fragte Kerstin verdutzt. „Du hast mir nichts getan. Du kannst nichts dafür, dass dein Vater so ausgerastet ist.“

Miriam hätte am liebsten gleichzeitig gelacht und geweint vor Glück.

„Du bist nicht mit mir böse!“, sprach sie leise.

Kerstin schüttelte den Kopf: „Nee. Ich wär ja auf den

Kahlenberg gekommen, um mir dir zu reden, aber Mutti meinte, ich soll erst mal warten, bis dein Vater sich abgeregt hat. Sie sagte, wenn er auch nur halb so christlich ist, wie er tut, müsste er eigentlich von selber draufkommen, dass er sich gewaltig danebenbenommen hat." Kerstin nickte bekräftigend: „Genau das hat sie gesagt. Zuerst wollte sie ihn sogar anzeigen. Wenn er mir echt eine gescheuert hätte, hätte sie es gemacht."

Kerstin grinste. „Sie ist noch bissiger und kampflustiger als ich. Als ich ihr erzählte, wie ich deinen Vater angeschrien habe, hat sie Tränen gelacht. Sie wurde knallrot im Gesicht, weil sie vor Lachen keine Luft mehr bekam.

Ja, und dann sind wir in Urlaub gefahren. Ich hätte dir gerne eine Postkarte geschickt, aber ich kannte deine genaue Adresse nicht. Ich habe dir aber Karten mitgebracht."

Kerstin blickte Miriam schüchtern an: „Was ist mit deinem Vater? Ist der immer noch sauer auf mich? Ich wäre so gerne wieder deine Freundin!"

Ein warmes Glücksgefühl machte sich in Miriams Herz breit und sie schickte ein stummes Dankgebet zum Himmel.

„Mein Vater schämt sich zutiefst", sagte sie. „Er hat eingesehen, dass er dir großes Unrecht angetan hat, und er möchte mir dir sprechen, um dich um Verzeihung zu bitten."

Kerstin sah erfreut aus: „In echt?"

Miriam nickte und erzählte Kerstin alles, was passiert war, angefangen mit den Strafen bis zu dem Gespräch mit Bruder Markus und wie die beiden Ältesten mit ihrem Vater ein ernstes Gespräch geführt hatten.

„Vater hat sich bei Rosi und mir entschuldigt. Er weinte. Ich habe ihn noch nie zuvor weinen sehen." Miriam fasste Kerstins Hände: „Du bist jederzeit auf dem Kahlenberg willkommen. Ach Kerstin! Ich hatte solche Angst, dass du nichts mehr von mir wissen willst. Ich bin froh, dass du immer noch meine Freundin bist."

„Ich hatte selber Angst", gestand Kerstin. „Ich dachte, dein Vater verbietet dir den Umgang mit mir und du würdest mich ignorieren."

Einen Augenblick sahen sie sich tief in die Augen. Dann umarmten sie sich fest.

„War aber auch zu doof, dass dein Vater uns beim Fesseln erwischt hat", sagte Kerstin. „Wieso kam er eigentlich auf den Platz? Ihr habt mir versichert, dass er die versteckte Lichtung nicht kennt."

Miriam begann zu kichern.

Kerstin beugte den Kopf zurück: „Was ist?"

Miriam musste noch mehr kichern. „Er fand die Lichtung, weil er einen versteckten Platz suchte", gluckste sie. „Er war am

Talrand entlang spaziert, um die Hänge zu kontrollieren. Das macht er ab und zu und plötzlich benötigte er einen versteckten Platz. Er schlug sich in die Büsche und stieß ausgerechnet auf unsere geheime Lichtung." Miriam wollte sich ausschütten vor Kichern.

„Ich verstehe nicht", sagte Kerstin. „Warum benötigte er einen versteckten Platz?"

Miriam lachte los. „Weil er ein Ei legen musste!"

„Was? Er wollte eine braune Rakete abschießen?" Nun musste auch Kerstin lachen.

„Eine b-braune was?", gickerte Miriam.

„Dann hab ich ihm ja den richtigen Schimpfnamen verpasst", sagte Kerstin lachend. „Weil ich mich so über ihn geärgert hatte, nannte ich ihn auf dem Heimweg ständig einen After."

„After?" Miriam quietschte vor Lachen.

Andere Schüler sahen neugierig zu den beiden lachenden Mädchen herüber.

„Ja, After!", bestätigte Kerstin. „Weil ich das andere Wort mit A nicht laut sagen wollte." Laut lachend fielen sie sich in die Arme.

Miriam bekam kaum noch Luft: „Mein Vater erzählte, als er uns beim Fesseln erwischte, sei ihm vor Schreck der braune Güterzug im Bahnhof stecken geblieben und jetzt erzählst du, dass du ihn After genannt hast.“

„Ich musste damals auch laut lachen“, erzählte Kerstin und wischte sich die Lachtränen weg. „Trotz meiner Wut.“ Allmählich beruhigte sie sich, obwohl sie immer noch grinsen musste, wenn sie Miriam anschaute.

Schließlich wurde sie ernst: „Aber nach dem Lachen musste ich furchtbar weinen. Ich dachte, das war es. Ich darf nie mehr auf den Kahlenberg, und in der Schule lässt du mich links liegen, weil du wegen mir Ärger bekommen hast und dir deine Leute den Umgang mit mir verbieten.

Meine Mutti hat gesagt, ich soll am ersten Schultag einfach mit dir reden. Uff! Du glaubst gar nicht, wie erleichtert ich bin, dass du nicht sauer auf mich bist.“

„Ich auch“, sagte Miriam leise. „Es tat furchtbar weh. Ich habe mich so gefreut, dass wir Freundinnen geworden sind.“

Sie schaute Kerstin in die Augen: „Du hast für Veränderungen gesorgt. Die Ältesten haben verboten, Kinder zu schlagen, weil alle Menschen Kinder Gottes sind, und die darf man nicht schlagen. Du hast das bewirkt, Kerstin! Du bist ein guter Mensch.“

„Das hast du nett gesagt“, erwiderte Kerstin. „Du bist auch ein guter Mensch, Miriam. Wir werden immer zusammenhalten. Wir lassen uns unsere Freundschaft von niemandem kaputt machen.“

„Von niemandem!“, bekräftige Miriam.

Es klingelte. Frau Riemann, ihre neue Klassenlehrerin, betrat den Raum. Miriam und Kerstin hörten auf zu schwatzen und schauten nach vorne.

Miriam wusste sich vor Glück kaum zu fassen. Kerstin war wieder ihre Freundin. Sie schaute zur Seite, wo Nadine und Anne in einer Bank saßen. Nadine winkte und beide Mädchen lächelten Miriam freundlich zu.

Miriam lächelte zurück. Sie spürte, dass sie endlich akzeptiert wurde. Sie war keine Außenseiterin mehr.

Zum ersten Mal seit Wochen freute sich Miriam wieder aufs Leben.

- E N D E -

Printed in Poland
by Amazon Fulfillment
Poland Sp. z o.o., Wrocław

37493395R00063